# 为人生而教育

周洪宇 著

青岛出版社

WEI RENSHENG
ER JIAOYU

图书在版编目（CIP）数据

为人生而教育 / 周洪宇著. -- 青岛：青岛出版社，2025. -- ISBN 978-7-5736-3426-9

Ⅰ.G40

中国国家版本馆CIP数据核字第2025713VE9号

WEI RENSHENG ER JIAOYU

| 书　　名 | 为人生而教育 |
| --- | --- |
| 著　　者 | 周洪宇 |
| 出版发行 | 青岛出版社（青岛市崂山区海尔路182号，266061） |
| 本社网址 | http://www.qdpub.com |
| 邮购电话 | 0532-68068091 |
| 策划编辑 | 梁　唯 |
| 责任编辑 | 刘克东　韦雨涓　李　爽　孙　芳 |
| 特约编辑 | 程盼盼 |
| 封面设计 | 刘　晶 |
| 版式设计 | 阅优文化　刘　晶 |
| 制　　版 | 青岛乐喜力科技发展有限公司 |
| 印　　刷 | 青岛乐喜力科技发展有限公司 |
| 出版日期 | 2025年5月第1版　2025年9月第2次印刷 |
| 开　　本 | 16开（710mm×1000mm） |
| 印　　张 | 16.75 |
| 字　　数 | 300千 |
| 书　　号 | ISBN 978-7-5736-3426-9 |
| 定　　价 | 48.00元 |

编校印装质量、盗版监督服务电话：4006532017　0532-68068050

# 序言

## 让教育通过生活与实践创造美好人生

### 从"知识容器"到"生命赋能"的转变

党的十八大以来,以习近平同志为核心的党中央始终将教育摆在优先发展的战略位置,作出了一系列重要指示,推动新时代教育事业取得历史性成就、发生格局性变化。教育部最新统计数据显示,目前我国已经建成了世界上规模最大的教育体系。截至2023年,全国共有各级各类学校49.83万所,学历教育在校生2.91亿人,专任教师1891.78万人,2895个县级行政单位全部实现义务教育基本均衡。其中,学前教育、义务教育达到了世界高收入国家平均水平。高等教育毛入学率达到60.2%,进入世界公认的普及化阶段。新增劳动力平均受教育年限超过14年,接受高等教育的人口达到2.5亿,我国研发人员总量居世界首位,全社会研发经费支出居世界第二位。在教育事业发展取得巨大成就的同时,我们也要清醒地认识到,我国教育事业依然存在大而不强、发展不平衡、供需错位等多个亟待解决的问题。因此,为了实现教育的系统性跃升和质变,需要深化教育综合改革。通过深化教育评价改革、提升依法治教和管理水平、构建教育科技人才一体统筹推进机制等举措,系统解决教育发展过程中面临的各种问题,推动教育事业向更高水平、更具质量和公平性的方向发展,以适应中国社会经济发展对培养德智体美劳全面发展的时代新人的客观需要。对基础教育改革来说,迫切需要更新教育理念、优化课堂建设、创新课程教材、改进教学方式、拓展活动空间、均衡资源配置、完善评价体系等,最终实现基础教育的高质量发展,为培养全面发展的人才奠定坚实的基础。

"让教育通过生活与实践创造美好人生"信念的提出，是出于深化教育综合改革的考虑，它绝非针对某一局部进行调整优化，而是涉及宗旨、规格、目标、课程、教学、组织、评价等多方面的系统性变革，有利于转变传统育人模式，构建新型育人生态。现有的传统育人模式是在工业化时代背景下形成的，以标准化、规模化和统一化为特点，其核心是通过模式化的课程体系、教学方法和评价体系，培养适应社会分工和工业化需求的人才。在这种育人模式下，学校侧重于向学生讲授理论性和系统性的学科知识，教师占据课堂的中心位置，采用"满堂灌""填鸭式"等传统教学方法，在狭小的课堂空间中开展日常的教育教学活动，将考试成绩作为主要评价标准，注重量化评价，强调的是分数和排名。长此以往，学生的兴趣、特长和个性发展需求没有得到足够的重视和关注，学生易成长为单向度的人、片面发展的人。

构建新型育人生态，要对目标、内容、课程、教学、组织、评价等要素进行系统革新，打破现有传统育人模式的局限性，通过整合学校、家庭、社会等优质教育资源，打造开放、多元、互动的教育生态系统，促进学生全面而自由发展。"生活·实践"教育是构建新型育人生态的重要探索，也是"让教育通过生活与实践创造美好人生"信念的具体实践。它注重培养具有中国心、全球观、现代性的时代新人，注重德智体美劳五育并举，智商、情商、意商并重，"知行合一""知情意合一""智仁勇合一"。它注重让学生通过学会求知、学会工作、学会共同生活、学会生存，成长为有理想、有道德、有文化、有纪律的人，注重培养学生健全的人格、科学的思维、健康的身心、艺术的爱好、手脑并用的能力、合作的意识、负责的精神。它注重整合学校、家庭、社会的优质教育资源，开展"新时代小先生行动""新时代大先生行动""新时代未来大先生行动"，以便取得学校、家庭、社会协同推进的综合效果。在教学空间上，它主张构建全域活动空间，从学校进一步延伸到大社会、大自然，建设师生共同课堂，组织师生、亲子共读，善用"小先生+"教学。在课程设置和教材编写上，它主张采用活动课程教材，注重教育与生活融合、学校与社会融合、教学与实践融合、动脑与动手融合。它主张实施现代治理评价，遵循科学管理、民主管理、依法管理的原则，注重构建包括学生、教师、校长、家长等多元主体的科学评价体系。

从内涵上来说,"让教育通过生活与实践创造美好人生"信念及"生活·实践"教育是以生活为本源、实践为载体,生活为内容、实践为路径,生活为中心、实践为方式的教育。

生活是"生活·实践"教育的起点和基础。教育的起源与人类生活实践紧密相连,是人类在适应和改造自然及社会环境的过程中逐渐产生和发展起来的。在人类社会的早期阶段,教育与生活高度融合,教育天然蕴含于日常生活之中,与此同时,生活也浸润着教育的意味。教育活动主要通过日常生活实践进行传授和学习,二者紧密交织,形成了一种浑然天成的教育生活形态。只是随着私有制的产生和社会生产力的发展,教育才逐渐与生活分化并分离,出现了专门的教育机构和活动。在科学技术迅猛发展的今天,教育与生活之间的裂痕正不断扩大,二者之间的脱节现象日益严重,随之带来的负面影响也愈发凸显。因此,让教育回归生活的呼声日益高涨。生活是教育的最初属性,教育源于生活,并包含于其中。实践是承载生活的具体形式,更是"生活·实践"教育得以有效实施的重要载体。实践是传授理论知识的手段,更是促进知识内化的重要途径。通过科学实验、社会实践、实习实训等实践活动,学生才有可能将抽象的理论知识转化为真实且可操作的应用能力,深化对知识的理解和锻炼解决实际问题的能力。

生活是"生活·实践"教育的内容。广义的生活就是指人在学校、家庭、社会过程中的各种生命活动,教育应以生活为蓝本,让学生在真实的生活场景中学习和成长。生活中的各种经验、问题和情境都是"生活·实践"教育的重要内容,实践则是将其转化为现实的重要方式,学生通过实践可以学习到书本上无法获得的知识和技能。"生活·实践"教育主张通过搭建实践平台,开展实践活动,引领学生在实践中自主探究、实践创新、体悟生活、感悟生命。同时,也要避免盲目实践,不能为了实践而实践。

生活处于"生活·实践"教育的核心位置,这是由生活对于教育的基础性、导向性、丰富性等多方面的作用所决定的。生活是一切知识的发源地,生活中的各种场景和事件都含有丰富的教育资源。教育活动应围绕生活中的各种问题和需求展开，以生活为中心的教育更富有实用性和针对性。而实践则是通过教育满足生活的实际需求的重要方式。"生活·实践"教育主张让学生通过实践回归生活世界，帮助学生更好地内化知识、发展能力，并适应社会发展的实际需求，引导学生在实践中求真知、悟真谛、悦生活、共成长。

**新工业革命呼唤"生活·实践"教育**

进入21世纪，新一轮科技革命和产业变革正在重构全球创新版图，重塑全球经济结构。以人工智能、量子信息、移动通信、物联网、区块链为代表的新一代信息技术犹如雨后春笋般集中涌现。党的十八大以来，习近平总书记多次提出要把握数字化、网络化、智能化发展大势，推动产业技术变革和优化升级，推动制造业产业模式和企业形态发生根本性转变，以"鼎新"带动"革故"，以增量带动存量，促进我国产业迈向全球价值链中高端。大数据、人工智能、云计算等前沿技术不断取得突破，推动科技飞速发展，新技术、新业态、新产业层出不穷。传统产业通过引入新技术，实现智能化、数字化、绿色化转型。同时，科学技术的革新也催生了一系列新兴产业，并且出现了跨产业融合的现象。这些因素促使新工业革命以前所未有的态势向我们席卷而来，这是一场更大范围、更深层次的科技革命和产业变革，正在深刻改变人类社会的发展进程，对当前我国的教育发展也提出了新的要求和任务。党的二十大报告将教育、科技、人才一体考虑，提出"教育、科技、人才是全面建设社会主义现代化国家的基础性、战略性支撑"，深刻剖析了在现代化建设中，教育与科技、人才协同发展的重大价值。党的二十届三中全会进一步提出"教育、科技、人才是中国式现代化的基础性、战略性支撑"，深刻阐明了教育在中国式现代化进程中的重要地位。在这个充满挑战与机遇的21世纪，建设高质量教育体系，全面提高教育质量已经成为中国的战略性任务。高质量教育体系是指向能够满足人民群众日益增长需要的更高质量、更加公平、更有效率、体系更加完备、更加丰富多样、更可持续发展、更为安全可靠的教育体系。在教育体系的层次结构上，对基础教育、高等教育、职业教育、教师教育、终身教育等领域也提出了新的使命任务；在教育活动的构成要素上,高质量教育对人才培养目标、培养规格、课程设置、教材编写、教学过程与方法、教育组织形式、教育评价等环节都提出了更高的要求。

社会政治经济的发展正全方位地影响着教育领域。当前,世界各国都非常关注以基础教育课程改革为核心的教育改革。美国新泽西州要求学生必须学会使用信息技术和其他工具,具备批判性思维、决策和解决问题的技能,以及跨文化的理解与世界大同意识。英国从提高学生基础学力的立场出发,强调要加强对本国语和数学的学习指导,提出要全面提高学生的信息技术和交流协作能力,注重儿童价值观的培养和道德教育的开展。德国北威州在课程纲要中规定应帮助学生形成成熟、对社会负责任的个性。日本则提出了"生存能力"的概念,包含儿童适应社会的基本素质和技能以及伦理道德精神等,遵循尊重个性、重视个性发展的教育原则,在小学阶段的构建了以生活为中心的综合课程体系。

2012年,国际教育评估领域迎来重要变革——经济合作与发展组织(OECD)在其主导的PISA测试中,首次将"问题解决能力"纳入核心评估维度,重点考查学生分步拆解复杂问题的逻辑思维与知识迁移应用能力。在这样的背景下,强调课程应贴近儿童的经验和回归生活,开设综合实践活动类的课程,成为世界各国在课程改革中普遍关注和积极推行的重要举措。这种课程在不同国家的课程标准中称谓各不相同,具体设置方式也各有不同。

以美国为例,其课程体系虽未设立全国统一的"综合实践活动"课程,但是通过州级教育自主权催生出多元实践模式:既有融合自然观察与社会调查的田野研究,也有强调动手创造的设计工作坊,更通过STEM教育整合科学探究与工程实践,引导学生从探究性学习走向工程实践,形成从理论验证到产品开发的完整能力链。英国在课程标准中关于综合实践活动课程的设计集中体现在社会学研究和设计学习两个方面。法国则通过"综合学习"重构学段衔接:高中推行自主研究课题,初中开展"发现之旅"跨学科探索项目,小学阶段依托科学院提倡的"动手做"试验,对小学理科教育进行改革。俄罗斯采用渐进式整合策略,在一至四年级开设了融合人文、自然与社会的"周围世界"课程,在五至九年级开设了涵盖经济学与法学内容的"社会知识"

课程。日本在开设"特别活动"课程的基础上，增设了"综合学习时间"，构建起以"必修学科""道德""特别活动""综合学习时间"四维并重的中小学课程体系。在这场课程改革运动中，教育界也衍生出了丰富的概念图谱，相关理念术语层出不穷。其中，"综合""经验""活动""单元""设计"等为大众所熟知。活动（儿童中心）课程演变为基于问题的学习、项目化学习，以及备受追捧的STEM教育。加拿大德雷克（S. M. Drake）和美国伯恩斯（R. C. Burns）在《综合课程的开发》一书中提出了学科融合的"多学科综合""跨学科综合""超学科综合"三种不同的课程方案。美国巴克教育研究所（Buck Institute for Education）提出了项目化学习标准，进一步细化了相应的准则。

放眼全球，人类正面临百年未有之大变局。以智能化与数据化为核心的新工业革命汹涌而至，人类不仅需要反思我们的经济、社会和政治体制，还需要反思我们的教育是否能够适应并引领人类积极拥抱变革。教育这把钥匙能否打开一扇可以让我们看到希望和未来的思考之门？"生活·实践"教育的提出，正是"让教育通过生活与实践创造美好人生"信念的落实，体现了对时代要求的思考与应对。它倡导"生活即学习""生命即成长""生存即共进""世界即课堂""实践即教学""创新即未来"，注重培养学生的生活力、实践力、学习力、自主力、合作力、创造力，助力加快建设高质量教育体系。

# 目录

## 第一辑 从知识传授到生活建构——当代转向

从轴心时代到工业文明：教育作为文明传承的载体 /3
生活与教育的关系是历代思想家、教育家思索的核心问题 /8
教育的真谛是促进人的生命成长和生活幸福 /13
实践是将知识转化为能力和智慧的关键 /17
马克思主义实践哲学与人的全面而自由发展理论 /20
陶行知对杜威教育思想的继承与发展 /24
"生活 实践"教育是生活教育的创造性转化创新性发展 /31

## 第二辑 目标、内容、方法论——核心维度

培养全面发展的"真人"：认知、情感、实践的统一 /39
21世纪学生六大关键能力 /43
学科知识的"生活化解码"策略 /47
学校课程如何服务学生生活与社区发展 /56
从"教学做合一"到"做学教统一"的教学观 /60
教联网时代的教学变革 /66

## 第三辑 | 以课堂革命为中心的学校变革——实践路径

- 彰显行知理念符号 /71
- 建设师生共同课堂 /73
- 善用"小先生+"教学 /77
- 采用活动课程教材 /81
- 构建全域活动空间 /84
- 组织师生、亲子共读 /86
- 开展三大师生行动 /88
- 实施现代治理评价 /92

## 第四辑 | 评价体系——范式转型

- 21世纪学生核心素养培育 /97
- 六大关键能力培养模型 /101
- 教育家精神与教师六项关键能力 /107
- 教育家精神引领下的教师观 /113
- 课程评价质量的提升 /115

## 第五辑 | 教师"六力"——专业向度

- 终身学习能力 /121
- 课程改革能力 /125

| | |
|---|---:|
| 应用技术能力 | /130 |
| 合作共事能力 | /135 |
| 领导胜任能力 | /138 |
| 创新发展能力 | /144 |

**第六辑** | **成长支持**——教师发展

| | |
|---|---:|
| 师生共同体建设 | /153 |
| 新时代大先生行动 | /157 |
| 生成式人工智能时代教师如何发展 | /167 |
| 沉浸学习——虚拟现实技术的使用 | /172 |
| 大数据支持下的个性化实践路径追踪 | /175 |

**第七辑** | **人是文化之魂**——精神之源

| | |
|---|---:|
| "爱满天下"陶行知 | /181 |
| 陶行知在教育田野中的诗性智慧 | /187 |
| 从"新青年"到"燃灯者"的杨东莼 | /197 |
| "赤子"方明 | /202 |
| "要留风骨在人间"章开沅 | /206 |

**第八辑** | **全球视野**——智慧图谱

  科技革命与产业变革催动教育革新 / 215
  芬兰未来学校实践的未来特征 / 218
  生成式人工智能与教育变革 / 222
  智能教育打开未来教育之门 / 226
  面向未来的教育 / 231

**结　语** | **教育者的使命**——让知识在泥土中生长

  重申教育的人文温度与实践品格 / 243
  致教师：做点燃生命火种的实践哲学家 / 248

**后　记** / 251

第一辑

# 从知识传授到生活建构
## ——当代转向

# 从轴心时代到工业文明：教育作为文明传承的载体

在历史的浩渺长河中，教育宛如一座永不熄灭的灯塔，不仅照亮人类前行的道路，更成为推动人类社会发展的强劲动力与坚实根基。从蒙昧初开的远古时期，到文明昌盛的当下，教育始终与人类社会的发展同频共振，每一次社会的跨越式进步，都伴随着教育领域的深刻变革。

自人类踏入文明社会的门槛，教育便踏上了漫长的演进之路。从蒙昧时期个体自发的知识传递，到文明时代专业系统的学校教育蓬勃兴起，再到工业时代现代教育体系的日臻完善，这三种教育样态的更迭，恰似历史的乐章，与人类文明从原始文明、农业文明迈向工业文明的步伐高度契合。其间，教育历经无数次变革与创新的洗礼，宛如春风化雨，滋养着人类社会不断向前发展，成为文明传承与发展的关键纽带。

德国哲学家卡尔·雅斯贝尔斯提出的"轴心时代"理论指出，在公元前800年到公元前200年这短短600年间，世界各地主要宗教背后的哲学思想如雨后春笋般涌现。在中国，孔子及其儒家学说成为轴心文明的耀眼标志，那句"天不生仲尼，万古如长夜"，生动地描绘出孔子哲学思想对中国历史的深远影响与崇高价值。孔子，这位伟大的教育家，怀揣着对人性的深刻洞察，提出了人的天赋相近论，坚信人人都有接受教育的权利，于是"有教无类"的理念如同一股温暖的春风，吹进了每一个渴望知识的心灵。他注重"因材施教"，根据学生的不同特点和禀赋，给予他们最适合的引导，就像一位经验丰富的园丁，精心呵护着每一朵花，让它们绽放出独特的光彩。"不愤不启"，他耐心等待学生们主动思考、积极探索，在他们困惑之时，给予恰到好处的启发，帮助学生开启智慧的大门。他倡导"学而优则仕"，鼓励学生将所学知识运用到社会中，为社会和国家贡献力量。"礼"和"仁"的思想贯穿于他的教育理念之中，成为学生们为人处世的准则。"温故知新""学而不厌"等教育原则，更是如同熠熠生辉的明灯，指引着后世学子在求知的道路上不断前行，为中国教育思想的发展奠定了坚实的基础。在那个百家争鸣的时代，各种思想激烈碰撞，如同一场盛大的思想盛宴，共同铸就了中国的轴心文明时代，中国教育走向第一次高峰，成为世界教育中心。

与此同时，古希腊哲学家苏格拉底、印度的释迦牟尼也在各自的文化领域闪耀光芒。苏格拉底通过不断追问和对话的方式，引导人们思考真理和美德，激发人们内心的智慧。他的教育方法不仅传授知识，更重要的是培养人们独立思考和追求真理的精神。而印度的释迦牟尼创立了佛教，其教义蕴含着深刻的人生哲理和道德规范，对印度乃至整个亚洲的文化和教育产生了深远影响。古罗马作为西方世界继古希腊之后的又一文明中心，罗马帝国展现了古代西方人在文化、经济、科技、军事等领域的强大实力。其文化影响力通过贸易和军事扩张传播到世界各地。而在中国的秦汉时期，教育走向大一统，西方帝国时期的教育也在传承中不断发展，"轴心时代"逐渐向"后轴心时代"过渡。

随着经济贸易的持续发展和新航路的开辟，世界如同被一只无形的大手逐渐拉近，一体化进程加速推进。这不仅促进了自然科学的蓬勃发展，更为工业革命的到来埋下了伏笔。工业革命，这场发源于英格兰中部地区的伟大变革，如同一阵狂风，席卷了整个世界。它以机器取代人力，以大规模工厂化生产取代个体手工生产，开启了人类历史的新篇章——"机器时代"。在这个时代，科学释放出巨大的能量，一次次重大科技革命接踵而至，世界格局也在这波澜壮阔的变革中不断被重塑。

回顾教育发展的历程，人们不难发现，教育与人类社会的每一次重大变革都紧密相连。第一次教育革命，是从原始的个别教育走向相对集中的专门化农耕教育的伟大跨越。在原始社会，生产力水平极度低下，文化科学知识极度匮乏,教育尚处于萌芽阶段。那时,没有专门的教育机构,没有专业的教师,也没有系统的教材,教育活动如同散落的星星,分散在生活的各个角落。年长一代通过言传身教,将制造和使用生产工具的技能,以及渔猎、采集和原始手工业的经验传授给年轻一代。教育与生产劳动紧密结合,不可分割,如同共生的藤蔓,相互缠绕。教育活动随时随地进行,没有固定的场所和时间,也没有专职的教育人员。随着私有财产的出现和阶级分化,原始社会逐渐解体,人类步入奴隶社会。生产力的发展,尤其是文字的诞生,为教育带来了新的生机。专门从事教育的教师出现了,学校也如雨后春笋般出现在东方的埃及、巴比伦、亚述、印度、希伯来以及中国等文明古国。到了东西方文明的"轴心时代",如中国的春秋战国时期,教育进入了相对集中的专门化时代。这是一次正式教育的华丽转身,有组织教育的有序迈进,从低级教育向相对高级教育的重大飞跃。

曾经,在一个原始部落里,年轻的猎手们渴望学习狩猎的技巧。年长的猎手们便带着他们在山林间穿梭,实地教导他们如何辨别猎物的踪迹,制作有效的陷阱。在一次狩猎中,一位年轻猎手按照长辈的教导,成功捕获了一只野兔。他兴奋地向同伴们分享自己的经验,这不仅让他收获了自信,也让其他年轻猎手学到了实用的技能。这个简单的故事,生动地展现了原始社会教育与生活实践紧密相连的场景,教育就是在这样的生活点滴中得以传承和发展。

第二次教育革命,是从相对集中的专门化农耕教育走向班级授课制规模化教育的变革。在封建社会后期,资本主义生产关系悄然萌芽,原有的农耕教育模式逐渐无法适应新的生产关系的需求。资产阶级启蒙思想家和教育家敏锐地察觉到这一问题,积极倡导新式教育,反对封建落后的教育观念。随着资本主义的发展,对具有一定知识和技术的产业工人的需求日益增长,标准化、集中化、批量式的班级授课制应运而生,登上了历史舞台。与第一次教育革命相比,这次变革使得教育从相对集中的专门化转变为以班级授课制为基础的规模化,教育的效率和规模都得到了极大的提升。

如今，第三次教育革命的浪潮正滚滚而来，正引领着教育从规模化走向泛在化、分散化、网络化、个性化。在这个信息飞速发展的时代，教育不再局限于传统的教室和固定的时间，人们可以随时随地通过网络获取知识，学习变得更加自主和个性化。例如，在线教育平台的兴起，让学生们可以根据自己的兴趣和需求选择课程，与来自世界各地的教师和同学交流互动。这种新型的教育模式打破了时空的限制，为学生们提供了更加广阔的学习空间。

工业革命对教育的影响深远，而教育对工业革命的推动作用同样不可忽视。英国第一次工业革命开启了人类近代史的新纪元，而如今21世纪的新工业革命，其意义丝毫不亚于当年从农业文明向工业文明的转变。新一轮科技革命和产业革命蓄势待发，各种颠覆性技术层出不穷，科技成果转化速度不断加快，产业组织形式和产业链条也在不断变化。这一切不仅重构了全球创新版图，重塑了全球经济结构，更为世界带来了无限的发展潜力和前所未有的挑战。在这个过程中，生产力发展水平和科学技术成为推动教育变革的重要动力。回顾历史，我们可以看到，不同的社会形态孕育出了与之相适应的教育模式。从原始部落的"原始的集体教育"，到农业文明的个别化农耕教育，再到工业文明的规模化班级授课式集体教育，教育的发展始终与社会的进步紧密相关。

然而，需要明确的是，技术虽然引发了教育的变迁，但技术进步并不等同于教育进步本身。在人类社会的发展历程中，每一次教育变革都伴随着社会的变革，教育目的、教育功能、教育组织形式、教育内容和教育形式等方面都发生了深刻的变化。这些变化并非仅仅源于技术，更源于教育本质的改变。从原始文明到农业文明，人类教育经历了第一次革命，从原始的个别进行的教育走向个性化的农耕教育；从农业文明到工业文明，人类教育经历了第二次革命，从个性化的农耕教育走向班级授课式的规模化教育。教育革命的过程，就是一个从低级到相对高级的不断发展的过程。

在过去的几个世纪里，工业文明塑造了现代教育的模样，而教育又反过来推动着工业的发展。这一切的根源，在于人的改变。"人本特征"才是新工业革命最为根本和核心的内涵。人的改变不仅是变革的出发点和落脚点，更是变革能否成功的关键因素。正如美国知名未来学家、社会学家杰里米·里夫金所说："除非我们能改变我们的世界观和行为——也就是形成生物圈保护意识，否则，第三次工业革命就会夭折。"这深刻地揭示了教育变革在新工业革命中的重要地位，社会的变革必然会引发深刻的教育变革。这场变革将如同一把钥匙，打开一扇通往全新教育样态和教育系统的大门，在历史的舞台上孕育出更加美好的未来。教育，这颗璀璨的明珠，只有扎根于生活的土壤，通过实践的磨砺，才能绽放出最耀眼的光芒，为人们创造美好人生，推动人类社会不断向前发展，走向更加辉煌的明天。它在历史的长河中不断演进，见证着人类社会的兴衰荣辱，也承载着人类对美好生活的向往与追求。在未来的征程中，教育将继续在生活与实践中砥砺前行，为人类的进步和发展贡献无穷的力量。

## 生活与教育的关系是历代思想家、教育家思索的核心问题

古希腊哲学家苏格拉底说过,未经过审视的生活不值得过。那究竟什么样的生活才是值得过的?这个问题,宛如黄钟大吕,穿越历史的长河,每一次被提及,都振聋发聩。在苏格拉底思想的启迪下,古希腊哲学家柏拉图和亚里士多德进一步深化了对美好生活的思索。他们将美好生活与特定的社会秩序、制度安排紧密相连,踏上了构建理想共同体的征程。那时的他们,如同在思想的荒原上勇敢探索的拓荒者,试图为人类社会勾勒出一幅理想的生活蓝图,而教育便是实现这一蓝图的关键钥匙。

英国社会学家、教育家斯宾塞认为,教育是未来生活的预备,它的使命是教会人们善用现世人生,追求个人现世生活的幸福与美满。在他的眼中,理想的美好生活,是教育的至高价值所在。英国哲学家、教育家洛克同样在自己的理论天地里,探寻着"美好生活"的真谛;法国思想家、教育家卢梭主张顺应自然秩序教育儿童,让生活充满愉快与善良,使儿童摆脱异化,收获幸福与自由;瑞士平民教育之父裴斯泰洛齐强调生活是教育的最终归宿。

英国哲学家罗素在《教育与美好生活》一书中,阐述了诸多关于教育与美好生活的深刻见解。他主张教育应致力于"培养人的理想品性",以此改造社会,创建理想社会和美好生活。美国实用主义哲学家、教育家杜威则大力倡导"教育即生活""教育即生长""教育即经验的改造"。他期望通过教育营造民主平等的生活环境,帮助儿童获得构建美好生活

的能力，在迈向民主社会的道路上，实现对美好生活的追求。我国教育家陈鹤琴的"活教育"理念，重视自然和社会生活，为教育注入了鲜活的生命力；法国思想家埃德加·莫兰主张"教育为人生"，认为教育应培养人的整体性思维、批判意识和社会责任感，助力个体在复杂的世界中实现自我完善与和谐共生，进而构建教育所指向的美好生活。

马克思和恩格斯虽未明确提出"美好生活"这一范畴，但他们从创立的社会发展理论和人的全面而自由发展理论出发，实现了对过往各种朝向美好生活的教育探索的理论超越。他们的思想，犹如璀璨的星辰，照亮了人类教育发展的漫漫征途。

在中国教育学界，陶行知的生活教育学说熠熠生辉。他以忧国忧民的家国情怀，思考着"教育与救国"这一时代命题。他强调教育的生活性、实用性、大众性，期盼普罗大众能够体脑并用，在物质与精神上获得双重满足，进而实现大众、民族乃至全人类的解放。

陶行知创立的生活教育学说，是他在数十年教育改革实践的基础上，融合中西教育思想精华而形成的具有中国特色的现代教育理论。在新民主主义革命时期，这一学说发挥了积极的作用，如同一盏明灯，照亮了当时中国大众的教育之路。

步入现代社会，生活目标日益多样化、复杂化。对美好生活的追寻，不再仅仅是少数精英和思想家的哲学探索，而是成为关乎每个人生活意义和目标追寻的具有普遍意义的现代性课题。在我国，社会主要矛盾已转化为人民日益增长的美好生活需要和不平衡不充分的发展之间的矛盾。习近平总书记提出："人民对美好生活的向往，就是我们的奋斗目标。"生活着的人是实践中的人，生活与自然生存不同，它是以人选定的目的与价值为导向的活动。在生活与实践中，人创造世界、改变世界，而人自身的生成与完善则是生活指向的终极目标。实践，作为马克思主义哲学首要的和基本的观点，是人类"认识世界"和"改造世界"的有力的思想武器。教育的根本目的在于培养人，而人是实践的主体，实践是人的根本生存方式，也是人实现全面发展的根本途径。习近平总书记强调：

"所有知识要转化为能力，都必须躬身实践。要坚持知行合一，注重在实践中学真知、悟真谛，加强磨练、增长本领。"这一重要论述，为教育的发展指明了方向。

然而，在物质文明与精神文明高度发达的今天，教育与生活脱节、学校与社会脱节、教学与实践脱节的现象依然存在。这背后的根源在于教育未能紧跟时代、社会和自身发展的步伐，教育与生活背道而驰，教育内容与方式发生了异化。继承和发展陶行知的生活教育学说，是我们的责任与使命。但真正的继承并非简单地验证其教育思想和主张，而是进行全面、再生、创新性的阐述。"让教育通过生活与实践创造美好人生"信念正是在这样的背景下，对陶行知生活教育学说的进一步继承与发展。

根据这种认识，陶行知的"生活即教育"被拓展为"生活即学习""生命即成长""生存即共进"的"三生"表述。今天的时代正在由教育时代向学习时代转型，"生活即学习"注重引导学生从懵懂无知走向知识渊博，掌握技能，塑造正确的价值观。"生命即成长"纠正了以往只关注人的自然生命，而忽视社会生命和精神生命的偏差，倡导关爱、理解、尊重和保护学生，促进学生三重生命的健康成长。"生存即共进"针对当下教育中的过度竞争、零和博弈与内卷现象，倡导回归教育的育人本质，强调学生个体和谐发展，以及学生、教师、社会群体和自然界的和谐共生，努力构建各类"共同体"。

陶行知的"社会即学校"被发展为"世界即课堂"，突破了传统学校课堂的局限，将学习场所拓展至整个社会、大自然乃至广袤的宇宙空间。"教学做合一"被发展为"实践即教学""做学教统一"，这一转变深入贯彻习近平总书记实践育人的重要指示精神，突出实践性教学的育人价值，强调以"做"为中心的教与学的统一转化，弥补了认知性教学的不足，使实践性教学与认知性教学两种教学方式相互补充、相得益彰。"创新即未来"则主张通过创新推动教育发展，为国家和民族注入活力，引领人类不断迈向进步的新世纪。

此外，"让教育通过生活与实践创造美好人生"信念还将陶行知培养学生生活力、自动力、创造力的"三力论",发展为21世纪聚焦发展学生核心素养的"生活力、实践力、学习力、自主力、合作力、创造力"的"六力论"。

对学生而言,生活力是适应和改造现代社会生活的必备能力,随着社会发展需求的变化,其内涵日益丰富多样;实践力是在实践中锻炼培养的各种能力;学习力在经济合作与发展组织倡导的核心素养框架中属于认知能力;自主力源自陶行知提倡的自动力,在21世纪教育中,培养学生的自主力成为核心任务;合作力作为核心素养框架的重要部分,体现了陶行知"共学、共事、共修养"的思想;创造力是陶行知生活教育学说的重要观点,在新时代,教育者更应鼓励师生在日常教育行为中培养创造力。

对于教师、校长和家长,"让教育通过生活与实践创造美好人生"信念也提出了相应的能力要求。教师应注重培养终身学习能力、课程改革能力、应用技术能力、合作共事能力、领导胜任能力和创新发展能力;校长应具备理念引领能力、规划决策能力、文化塑造能力、教学领导能力、资源整合能力和应用技术能力;家长则应培养善于学习能力、乐于倾听能力、勇于引导能力、有效沟通能力、自我调控能力和应用技术能力。

"让教育通过生活与实践创造美好人生"信念还将陶行知"共学、共事、共修养"的"三共"理念,发展为建设师生共同课堂、组织师生亲子共读、共学营等实践活动;将陶行知生活教育学说的六大特质,拓展为"生活的、实践的、人民的、科学的、发展的、创造的、民族的、世界的"八大特质。

从本质上讲,"让教育通过生活与实践创造美好人生"信念和"生活·实践"教育是聚焦发展学生核心素养的素质教育新探索。自20世纪80年代"素质教育"概念出现以来,素质教育就逐渐成为我国基础教育改革的主流理念,引发了理论研究和实践探索的热潮。

改革开放初期,素质教育在破除"应试教育"的束缚中萌芽。1985年出台的《中共中央关于教育体制改革的决定》首次将"提高民族素质"

写入教育目标；1993年发布的《中国教育改革和发展纲要》正式确立了"素质教育"的战略方向。上海"一期课改"构建的三级课程体系及湖南汨罗创造的农村教育模式，为素质教育的政策落地提供了宝贵的实践样本。

21世纪前20年，素质教育进入国家主导的系统重构期。第八次基础教育课程改革构建了三维目标体系，将综合实践活动列为必修课程；2016年《中国学生发展核心素养》白皮书提出六大核心素养框架，使素质教育从理念转化为可操作的培养标准；新高考改革通过"两依据一参考"的选拔机制，让综合素质评价成为升学硬指标，实现了制度性突破。2020年以来，在"双减"政策与教育数字化战略的双重推动下，素质教育呈现出三大转向：育人目标从"五育并举"转向"五育融合"，通过劳动教育课程化、STEM教育普及化实现跨学科整合；实施场域从学校单维空间转向学校、家庭、社会协同生态；教学方式从知识传授转向能力培养，依托教育资源库，形成多维学习空间。

"让教育通过生活与实践创造美好人生"信念和"生活·实践"教育积极顺应时代潮流，主张面向生活、面向实践。其核心在于推动教育与生活深度融合，构建学校、家庭、社会三位一体的动态交互网络，促进教学与实践有机衔接。它既是对国际基础教育改革趋势的深刻回应，也是立足中国国情提出的本土化教育方案，是对我国长期推行的素质教育的深化与创新。它在新时代的浪潮中扬帆起航，并将继续在生活与实践的广袤天地中探索前行，为创造美好人生、推动社会进步贡献力量，书写教育发展的崭新篇章。

## 教育的真谛是促进人的生命成长和生活幸福

促进人的发展，是教育的基石，是教育价值的核心体现，更是教育本体功能的关键所在。在新时代的浪潮中，创造美好人生成为教育发展的终极目标，这不仅是教育价值的生动诠释，更是教育本体功能在当今时代的深刻表达。生活与实践，恰似教育的左膀右臂，相辅相成，共同勾勒出教育内容和方式的轮廓，揭示其内在逻辑和本质联系。诚如古人云："纸上得来终觉浅，绝知此事要躬行。"任何教育，只有扎根于生活的土壤，借助实践的力量，才能培育出全面发展的人，引领人们迈向美好人生，为构建理想社会贡献力量。

生活，是教育的源头活水，也是教育的最终归宿。古往今来，不同的时代、不同的人对人类生存与发展的意义有着不同的理解，这使得人们对教育的内涵、目的、构想及实施方式也产生了诸多差异。然而，当我们从人类历史发展的宏观视角、教育自身的发展规律、教育对人的价值，以及教育与生活实践的本质联系等多维度审视时，就会清晰地发现：教育源于生活与实践，在生活与实践中发展，并且是为了生活与实践而存在。孔子被誉为万世师表，他的教育理念便深深扎根于生活中。他周游列国，在途中与弟子们共同经历生活的点点滴滴，这些经历都成了他教育学生的素材。有一次，孔子带着弟子们路过一片农田，看到两位农夫在田间劳作。子路前去问路，其中一位农夫却反问："那个坐在车上的是谁？"子路回答是孔子。农夫又问："是鲁国的孔丘吗？"子路回答是。农夫不屑地说："四体不勤，五谷不分，孰为夫子？"子路将这番对话告诉了孔子，孔子并没有生气，而是借此教育弟子们，不能只埋头于书本知识，也要关注生活实际，了解民生疾苦。这个小故事生动地展现了孔子的教育与生活紧密相连的智慧。他的教育并非纸上谈兵，而是在日常的生活点滴中，引导学生思考人生、理解社会，培养他们的品德和才能。孔子提出"有教无类"，打破了当时教育的阶层限制，让平民子弟也有机会接受教育；倡导"因材施教"，根据每个学生的特点和天赋进行有针对性的教育；主张"不愤不启，不悱不发"，强调启发式教学，培养学生的自主思考能力。这些教育理念和方法，都源于他对生活的深刻洞察和对人性的尊重，对后世教育产生了深远的影响。

教育的使命，是启迪人们的生存智慧，让人们能够以理性的眼光审视当下的生活状况，在纷繁复杂的世界中做出明智的选择，走向充满希望与可能的未来。在此基础上，教育要帮助学生培育创造新生活的意识和能力，充分挖掘他们的发展潜能，鼓励他们不断超越自我，积极投身于社会历史的洪流，成为推动社会进步的中坚力量。教育的构建与实施，必须紧密贴合人们的现实生活，秉持实事求是的态度，坚持以人为本的原则，充分弘扬人的主体性，从而推动社会全面进步，改善人们的生存境遇，让生活焕发出新的光彩。一言以蔽之，教育是人类利用教与学促进身心成长，通过生活与实践创造美好人生的伟大活动。

教育，是人类独有的有意义的活动，这在各种教育的总体概念中已达成广泛共识。然而，教育本质中生活性与实践性相统一的内涵，以及人类如何通过生活与实践将这一内涵转化为个体的生活实践能力和内在精神品质，却值得我们深入探究。这一方面与现代各种教育本质学说相比，具有独特的价值和意义。教育，首先是一种活动，而绝非空洞的理论、脱离实际的幻想。活动是教育的基本存在形式，离开活动，教育就如同无根之木、无源之水，失去了生命力。其次，教育是人类独有的有意义的活动。动物的行为多基于生物本能，而人类的教育活动则蕴含着思想、情感和价值追求，是一种超越生物本能的精神创造。再次，教育是人类利用教与学促进身心发展，通过生活与实践创造美好人生的活动。教与学、生活与实践，是教育实施的关键内容、方式和途径。倘若缺失了这些，教育便无法开展。教育的直接目标是促进人的身心发展，而终极目标则是创造美好人生。倘若教育无法达成这两个目标，就如同失去了方向的船只，迷失在茫茫大海中，失去了存在的意义和价值。

在当今时代，教育面临着不少问题，这促使我们重新审视教育的目的，思考我们究竟要培养什么样的人，教育应该追求何种价值，以及为何我们如此努力地办学，却难以培养出具有自主创新能力的拔尖人才。审视我国现行教育体系，不难发现其中存在的突出问题。在计划体制和应试教育的双重束缚下，教育与生活、学校与社会、教学与实践、研究与生产之间相互脱节。学校教育仿佛一座孤岛，既缺乏行业、企业和社会的广泛参与，又缺乏国际化的视野，陷入了"关门办学"的封闭状态。相当一部分教育依然在传统"应试教育"的轨道上艰难前行。当代中国教育与生活、学校与社会、教学与实践相分离的问题相当严重。孩子们的头脑被禁锢在书本知识中，眼睛看不到生活的多彩，双手缺乏实践的锻炼，双脚无法迈向广阔的社会，时间被繁重的作业占据，空间被狭小的教室限制。他们的生活能力、自主能力和创造能力被忽视，只注重应试能力的培养。陶行知一百年前批判的读死书、死读书、读书死的现象，如今在某些地方还在变本加厉。体育、美育、劳育等本应得到重视的教育内容，纷纷为应试教育让步。中小学生深陷作业和考试的泥沼，苦不堪言。而教育的市场化、产业化和商业化，使得课外培训一度泛滥成灾，进一步加剧了教育与生活、实践相脱节的问题，让教育改革之路变得更加艰难。

曾经有个叫晓峰的学生，成绩优异，在学校的各种考试中都名列前茅。然而，当他离开学校，面对生活中的实际问题时，却常常不知所措。有一次，家里的水龙头坏了，他连基本的维修常识都没有；和同学一起组织活动，他缺乏团队协作和沟通能力，活动最终以失败而告终。晓峰的经历，正是当前教育与生活实践脱节的一个例证。他在学校里积累了丰富的知识，但这些知识却无法帮助他应对生活的挑战，无法转化为实际的生活能力。

对于学生来说，学校生活占据了他们教育生活的大部分时间，对他们的成长和发展有着至关重要的影响。学校生活具有育人的价值,从生活的内容和形式来看,它可以分为教学生活和闲暇生活两部分。教学生活是系统的制度化育人,而闲暇生活则是零散的生活化育人。马克思曾指出,闲暇的自由是人的全面发展的重要条件。然而,在当前的中小学教育中,却出现了比较严重的以制度化育人取代生活化育人的"异化"现象。学生的闲暇生活被繁重的学业侵占,闲暇生活所蕴含的育人意义被无情抛弃。

学校生活本应是一种充满民主、平等、自由交流的公共生活,学生在其中有自由表达和自我呈现的权利。但在现实中,学校的制度化教育和管理模式却遮蔽了学生的这些权利。学生的能动性和自发性被压抑,他们在学校生活中难以获得真正的意义感和价值感。长此以往,学校生活逐渐"异化"为一种脱离学生实际生活的存在,压抑了学生个体差异的需求,远离了美好生活的本质。在某些学校里,学生似乎只是为了追求高分而学习,有些教育管理者和教师似乎忘记了教育的初衷是让人成为真正的"人"。从"让教育通过生活与实践创造美好人生"信念来看,这种"异化"的学校生活不仅不能助力教育理想的实现,反而成了阻碍其发展的障碍。因此,重塑学生的学校生活,让学校生活的育人意义回归本位,让学生在充满意义的学校生活中自由、自觉地发展自我,成为"让教育通过生活与实践创造美好人生"信念的重要价值追求。

当代教育学家顾明远认为,教育的本质是提高生命的质量和提升生命的价值。教育学家叶澜也主张,生命价值是教育的基础性价值,教育具有提升人的生命价值和创造人的精神生命的意义。教育改革家朱永新进一步提出注重学生的三重生命(自然生命、社会生命、精神生命)的成长。呵护学生的生命性,尊重学生的主体地位,激发学生的积极性和能动性,是学校教育的核心任务。让教育通过生活与实践创造美好人生,以学生为中心,以生活为内容,以实践为方式,充分尊重学生的生命性和主体性。它的意义在于帮助学校教育回归育人的本质,唤醒学生作为生命主体的意识,让学生在生活与实践中,真正实现自我价值,创造美好的人生。

## 实践是将知识转化为能力和智慧的关键

实践，不仅是哲学构建理论体系的基石，在日常生活语境里，更是扮演着不可或缺的角色。从日常的柴米油盐，到复杂的社会活动，实践贯穿于人们生活的每一个角落，是人们生活中一切行为和活动的总和。

当我们将目光聚焦于教育领域，会发现教育视界下的实践有着丰富的内涵，它融合了哲学用语中的深刻意蕴和日常用语中的鲜活特质。在教育哲学的研究范畴内，实践承载着哲学思辨的光芒，展现出其在理论层面的深度与广度；而在其他教育研究领域，实践则以更具现实生命力的姿态呈现，它贴近教育的实际场景，与师生的日常教学生活紧密相连。

从教育的视角审视日常用语中的实践内涵，可从两个关键维度展开。其一，教育本身就是一种独特的实践活动，即"教育实践"。教育实践是一场充满智慧与温情的旅程，在教师的引领下，学生以问题为指引，怀揣着探索世界的热忱，将所学知识巧妙地运用于实际情境中。在这个过程中，学生们如同勇敢的探险家，亲身去认识和体验客观世界的奇妙，通过多样化的操作性学习，分析并解决一个个实际问题。每一次实验操作，每一场实地考察，每一次小组讨论，都是教育实践的生动注脚，都充满了体验性与反思性。例如，在自然科学的实验课堂上，学生们亲自动手操作仪器，观察实验现象，在这个过程中感受科学的魅力，同时反思实验过程中的不足，不断提升自己的认知与实践能力。

教育实践与其他实践形式相比，有着鲜明的特质。它以育人为核心价值，就像灯塔为航船指引方向一样，为教育活动指明了方向。在教育实践的过程中，体验、参与、反思与创造是其重要的组成部分。学生在参与各种教育活动时，全身心地投入其中，收获独特的体验；通过反思活动过程，不断深化对知识和自我的认知；而创造则是教育实践的升华，鼓励学生突破常规，展现独特的思维与能力。另一方面，实践逐渐从一种育人方式升华为一种备受瞩目的教育理念——"实践教育"。随着人们对纯粹理性认知的局限性有了更深刻的认识，具身认知与理性认知相结合的实践教育，越发受到人们的重视。习近平总书记强调实践育人的重要性，指出所有知识要转化为能力，都必须躬身实践。要坚持知行合一，注重在实践中学真知、悟真谛、加强磨练、增长本领。在学校教育面临教学与实践相脱离的困境时，实践教育宛如一剂良药，为解决这一难题带来了希望。

然而，在现实的实践教育中，却存在着诸多认识偏差。部分人将实践教育狭隘地理解为实践教学，忽视了理论教学的重要性；或者将其局限于专业教育的实践教学活动，把通识教育排除在外；更有甚者，仅把理工学科的实践教学活动当作实践教育，忽略了人文社会学科的实践价值。这些偏差使得实践教育逐渐沦为以"动手"为主的简单行为活动，"情境理解、反思感悟"这些关键环节被边缘化，实践教育本应具有的丰富价值和深远意义被深深遮蔽。

那么，实践教育该如何回归本真呢？我们必须认识到，实践具有多种形态，从自在自发的日常活动，到受动性的异化行为，再到自由自觉的创造性实践，并非所有的实践活动都天然地具有教育意义。而且，实践所蕴含的主体性、创造性和自由自觉性，并不会一直稳定地呈现，而是在人们不同的生活场景中以各异的方式展现。因此，选择何种实践内容和方式，以及怎样促使创造性和自由自觉性在不同实践主体上充分展现，成为构建本真实践教育必须回答的关键问题。长期以来，"教育如何回归生活"和"如何发挥实践育人功能"，一直是我国基础教育领域的经典命题。回顾历史，教育与生活的关系始终是教育家们关注的焦点。古代的私塾教育，注重在日常的诵读和礼仪学习中培养学生的品德与学识，教育与生活紧密交织；到了现代，随着教育体系的不断完善，教育与生活却在一定程度上出现了分离。如今，破解"教育如何回归生活"的关键，在于让教育面向具有"能动性、自主性、意义性"的现实生活。这种生活并非机械重复的日常，而是超越了常规生活模式，能够实现教育理想的生活样态。它是由自由自觉的人所创造的，而人的这种创造性离不开实践，因此教育视界下的生活与实践紧密相连，这种联结蕴含着深刻的教育意义。

对于"如何发挥实践育人功能"这一命题，关键在于关注具有教育意义的实践内容和方式，以及不同实践主体间创造性、自由自觉性的充分展现。本真的实践教育，需要基于丰富且具有教育意义的实践内容和方式。它所面向的不是毫无生机的自在生活领域，而是充满了活力与意义的属"人"的生活世界。在这个世界里，主体的实践方式是自由自觉的，充满了情感体验和反思感悟，这样的实践才真正具有教育价值。属"人"的生活世界是本真实践教育的坚实基石，一旦脱离这个世界，实践教育就如同无根之木，无源之水，失去了生命力。

由此，教育视界下的生活与实践在育人目的论的基础上紧密联结，形成了"让教育通过生活与实践创造美好人生"的教育信念。这里的生活，不再是普通意义上的生活，而是充满"能动性、自主性、意义性"的属"人"的生活世界，是教育的对象化领域；实践也并非哲学上的宽泛概念，而是自由自觉、饱含情感体验和反思感悟的主体实践的内容与方式，是教育的行为化领域。"让教育通过生活与实践创造美好人生"以生活为丰富的内容，以实践为有效的方式，旨在成就实践主体的美好人生。它是一种具有现实针对性和前瞻性的教育理念，致力于解决学校教育中教育与生活脱节、学校与社会、教学与实践脱离的问题，推动学校教育的深刻变革，让教育重新回归到充满烟火气的生活世界，让学生在生活与实践的滋养下，茁壮成长，创造属于自己的美好人生。

# 马克思主义实践哲学与人的全面而自由发展理论

马克思主义哲学的实践观点,是其认识论的核心,实践性则是马克思主义的鲜明特质。马克思曾深刻指出,"全部社会生活在本质上是实践的","哲学家只是用不同的方式解释世界,而问题在于改变世界"。在马克思主义的视野中,实践不仅是认识的源头,更是推动认识发展的根本动力,同时也是检验真理的唯一标准。认识反过来又对实践有着巨大的反作用。教育,作为一种重要的社会实践活动,其蕴含的科学真理也必须在实践的土壤中去探寻。同样,教育理论也才能在实践的滋养下不断丰富和发展。因此,突出实践的重要性,成为"让教育通过生活与实践创造美好人生"信念的核心要义与显著特征。

**理论基点:马克思主义实践哲学**

马克思主义实践哲学,着重凸显马克思主义哲学中实践维度的首要性与基础性,强调马克思主义实践观的重大意义。

从唯物主义的视角出发,马克思主义实践哲学对"经验"有着独特的理解与阐释。它认为"经验"是客观世界在人主观意识中的映射,是主观与客观的有机统一,并非是将二者模糊地融合在一个难以剖析的整体之中。在人类历史的长河中,无数的事例都证明了这一点。比如在工业革命时期,工人们在工厂的生产实践中,积累了丰富的操作经验,这些经验既反映了机器生产的客观规律,又融入了工人自身对生产过程的主观认知,是主观与客观相统一的体现。

"感觉"在马克思主义实践哲学中是不可或缺的一环。它主张"经验"并非源自个人孤立的观察和实验,而是人们"通过自己的感觉器官在社会实践的全部总和中取得的感性知识"。可以说,感觉器官是我们感知世界的窗户,一旦失去了这个窗户,"感觉"便成了无本之木。正如毛泽东所说:"从认识过程的秩序说来,感觉经验是第一的东西。"没有"感觉"作为基础,"经验"也就无从谈起。回顾历史,古代的人们在长期的农业生产实践中,通过眼睛观察季节的变化、农作物的生长情况,用手触摸土壤的质地、湿度,从而积累了丰富的农业生产经验。这些经验的获取,都离不开感觉器官的参与。

马克思主义实践哲学始终立足人类全部社会实践。科学的实践观是马克思主义哲学"认识世界"和"改造世界"的坚实根基。在这里,"实践"既不是有机体被动应付环境的行为和工具,也不同于动物的本能活动,而是将人类亲身经历的过程与持续进行的实践活动紧密相连,充分彰显了人类实践的社会性与革命性。在历史上,无产阶级的斗争实践就是典型的例子。无产阶级通过罢工、示威等实践活动,团结起来争取自己的权益,推动了社会的变革,体现了实践的社会性与革命性。

实践的观点,作为马克思主义哲学的基石,是"让教育通过生活与实践创造美好人生"信念的认识基础。实践是教育的固有属性,从知识的构建机制和认识过程来看,实践在教育活动的开展、教育知识的产生、发展以及落实过程中,都占据着举足轻重的地位。"经验"是人类获取知识的源泉,确切地说,这里的"经验"指的是"感觉经验"。认识的起始源于"感觉",然而,"只有社会实践才能使人的认识开始发生,开始从客观外界得到感觉经验"。"实践"既是形成"感觉"的源头,也是构建知识的起点,知识从实践中来,最终又回到实践中去,不断接受实践的检验和完善。

**价值导向:人的全面而自由发展理论**

人,作为与自然相对的存在,是任何社会历史领域都无法回避的核心问题。人的本质、价值与发展,一直是哲学界和教育界不断探索、力求科学解答的重要课题。马克思主义社会发展理论,以唯物史观为依托,深刻揭示了人与社会的内在联系。它将现实生活中的人作为社会历史发展的起点和主体,把人的发展设定为社会发展的终极目标,进而提出了"人的全面而自由发展理论"。

随着社会的进步和时代的变迁,马克思关于人的发展的观点越发受到学界的关注和重视。我国的教育方针积极响应这一理论,将劳动教育纳入人的全面发展体系,提出五育并举的教育方针。通常人们所说的"人的全面发展理论",实际上包含"人的全面发展"和"人的自由发展"两个相辅相成的方面。全面发展是个性的全面发展,自由发展是在全面发展基础上的个性彰显,二者紧密结合,共同构成了马克思独特的人性发展观。因此,将马克思关于人类解放进程中人的发展观点,准确地概括为"人的全面而自由发展理论"更为恰当。

自由发展意味着人成为自己社会的主宰。马克思曾说:"人并不是抽象的栖息在世界以外的东西。人就是人的世界,就是国家、社会。"这句话深刻地揭示了人与社会的关系。从社会生活的角度去审视人,我们可以提炼出人的本质——社会关系的总和。同时,自由发展也意味着人在自然界中获得自由。当人掌握了自然规律,便能够认识和改造自然,让自然为人类服务。在人与自然的和谐互动中,人按照自己的意愿在自然界中活动。自然界和社会生活的复杂性,决定了人的发展必须是全面的。只有全面发展的人,才能在社会中实现自我价值,成为社会的主人;才能在自然界中顺应规律,成为自然的主人,而不是沦为物质或他人的附庸。正如马克思所说,如果一个人的"生活包括了一个广阔范围的多样性活动和对世界的实际关系,因此是过着一个多方面的生活,这样一个人的思维也像他的生活的任何其他表现一样具有全面的性质"。人的全面发展,是马克思对人类解放的美好预设,是人"以一种全面的方式,也就是说,作为一个完整的人,占有自己的全面本质"。

一般来讲,人的全面发展涵盖了人的劳动能力、需要以及社会关系等多个方面的全面发展。马克思对人的发展特征的深刻解读,为人类的生活和教育指明了方向。

"让教育通过生活与实践创造美好人生"信念和"生活·实践"教育以马克思关于人的全面而自由发展理论为根本价值导向,既顺应了社会主义教育理论发展的需求,又契合了新时代人才培养的要求,是对马克思主义教育理论的继承,也是对陶行知生活教育的继承与发展。在马克思主义经典文献中,"有生命的个人的存在"被视为一切历史的首要前提。这里的人,既不是想象中的虚幻主体,也不是脱离社会、一成不变的个体,而是生活在特定历史条件下、积极参与社会实践的真实的人。马克思以人的本质为出发点,以人的发展为主线,将社会发展划分为由低级到高级的三个阶段:人的依赖关系、物的依赖性以及个性自由发展。最终的自由发展阶段,是"建立在个人全面发展和他们共同的社会生产能力成为他们的社会财富这一基础上的自由个性"。这一理论不仅明确了人的发展的终极价值目标,还揭示了人的发展与社会发展之间的紧密联系。

马克思关于人的全面而自由发展理论,是社会主义教育理论的重要基石。在这一理论的指引下,我们积极开展实践和理论探索,不断丰富和发展马克思主义教育理论。"生活·实践"教育,正是基于这一伟大理论和陶行知生活教育学说所提出的教育改革创新主张,旨在通过生活与实践,助力人们实现全面而自由发展,创造美好的人生。

## 陶行知对杜威教育思想的继承与发展

在 20 世纪初的教育版图上，美国实用主义哲学家、教育家杜威的思想如同一股强劲的春风，吹进了传统教育的沉闷天地。彼时，美国学校教育深陷与社会生活脱节的泥沼，学生在封闭的校园里学习着与现实世界关联甚少的知识。与此同时，英国社会学家、教育家斯宾塞"教育是未来生活的预备"的观点也在教育界广泛流传。在这样的背景下，杜威以实用主义思想为基石，提出了"教育即生活"的崭新教育主张。

杜威认为，教育的本质是经验的改造或改组，这种改造不仅能丰富经验的内涵，还能提升人们在后续经验进程中的能力。他强调："教育是生活的过程，而不是将来生活的预备。"基于此，他进一步提出"学校即社会""儿童是中心""从做中学"等一系列教育理念。这些思想在当时犹如一场及时雨，对于改革美国传统学校教育，使其适应社会发展需求，发挥了积极作用。它们打破了传统教育的刻板模式，将教育与现实生活紧密相连，让学生在实际生活中获取知识、积累经验，培养适应社会的能力。

到了 20 世纪第二个 10 年，杜威的这些教育主张跨越重洋，传入我国教育界。当时，我国传统教育弊病丛生，以文字、书本为中心，脱离人民、社会和生活实际。杜威的教育理念无疑为国内教育界带来了新的思考和启示，对批判与改造传统教育具有一定的积极意义。然而，陶行知在应用杜威教育理念进行实践探索 10 年后，尤其是深入了解中国教育实际情况后，敏锐地意识到，杜威的实用主义教育思想虽有其先进性，适合于美国，但并不完全适合中国国情和教情。

当时的中国，正处于半殖民地半封建社会，民族危机深重，经济落后，文化教育发展缓慢。新式学校数量有限，且大多被统治阶级掌控，以文字、书本为中心，脱离人民和生活实际的传统教育的积弊难以消除。陶行知在历经10年的教育实践后，深刻认识到杜威的教育理论在中国难以落地生根。于是，他开始反思、总结经验教训，决心改造杜威的教育理论，探索出一条适合中国国情的教育之路。他将杜威的"教育即生活""学校即社会""做中学"等主张进行大胆改造，提出了"生活即教育""社会即学校""教学做合一"等具有中国特色的"生活教育学说"，实现了对杜威教育思想的超越。

**本体论：生活即教育**

"生活即教育"这一命题，蕴含着丰富而深刻的内涵，犹如一座蕴藏着无尽智慧的宝库，等待着人们去挖掘。它主要涵盖了三层含义。

从生活的角度来看，"生活含有教育的意义"。陶行知认为，教育的根本意义在于生活的变化，生活时刻都在变化，也就意味着生活无时无刻不蕴含着教育的意义。这一观点并非凭空产生，其根源可追溯到瑞士教育家裴斯泰洛齐。1826年，裴斯泰洛齐在《天鹅之歌》一书中提出"生活教育"这一重要教育原则。后来，杜威接受并阐发了这一原则，强调一切真正的社会活动都具有教育性，共同生活过程本身也能起到教育作用，以此反对美国当时脱离社会生活的学校教育。

陶行知在批判传统教育和洋化教育的过程中，批判性地继承了这一思想，并结合中国国情进行创新发展。他在给"生活教育"下定义时，始终将"用生活来教育"视为重要内涵之一。所谓"用生活来教育"，就是认可生活的教育作用，相信生活中处处都有教育的因子。在古老的乡村，农民们在田间劳作，通过观察季节变化、土地状况，学习如何播种、灌溉、收获，这就是生活给予他们的农业知识教育；在繁华的市井，小商贩们在买卖交易中，学会了与人沟通、计算成本与利润，这也是生活赋予他们的商业智慧教育。生活就是一本无形的教科书，随时随地都在向人们传授知识和经验。

从教育的角度来说，"教育以生活为中心"，教育要通过生活来进行，目的是促进生活的进步与提升。陶行知在研究教育现象时，始终将教育与社会生活实践紧密相连。他深刻地认识到，生活与教育是同一过程，二者相互依存，不可分割。有怎样的生活，就应该有与之相匹配的教育，教育的内容必须依据生活的需求来确定。

他猛烈抨击以文字、书本为中心的传统教育和洋化教育，认为文字、书本只是生活的工具，而非生活本身。传统教育将教育等同于读书，"以为文字之外别无教育"，这种观念是错误的。他用一个生动的比喻来阐述自己的观点：教育好比蔬菜，文字如同纤维，生活则像维他命。以文字为中心而忽略生活的教科书，就如同只有纤维而没有维他命的蔬菜，吃了无法滋养身体。真正的教育应该源于生活，在生活中汲取养分，这样的教育才是鲜活、实用的。例如，在教授自然科学知识时，不应仅仅局限于书本上的理论讲解，还应带领学生走进大自然，观察动植物的生长、四季的更替，让学生在亲身体验中理解科学知识，这样的教育才能让学生真正掌握知识，并将其运用到实际生活中。

从生活与教育的关系来看，"生活决定教育"，"教育改造生活"。陶行知明确指出："从生活与教育的关系上说，是生活决定教育。"同时，"教育就是生活的改造"。生活对教育的决定作用体现在多个方面：教育的起源、目的、原则、方法都由生活所决定；生活的全面性决定了教育的全面性；生活的变化会引发教育的变革；生活的连续性也决定了教育的终生性。

教育对生活的改造作用同样不可忽视。教育改造生活，首先体现在改造社会生活上，而改造社会政治是其中的重要内容。生活教育的方向是人民大众反帝反封建的新民主主义教育方向。教育还能促进社会经济的发展，必须重视科学传播，与工农业生产实际相结合，与生产劳动相结合，推动中国从"农业文明过渡到工业文明"，创造富裕的社会，为人民大众谋幸福。此外，教育要把"文化从小众手里解放出来"，让大众能够享用文化成果。教育不仅改造社会生活，也改造个人生活。通过培养人，教育使个人不断进步，引导人们走向更好的生活道路。在陶行知生活的时代，许多有志青年接受了进步教育后，投身到社会变革中，为推翻封建统治、抗击外敌入侵贡献自己的力量，他们的行动改变了社会的面貌，也实现了个人的价值，这正是教育改造生活的生动体现。

**场域论：社会即学校**

陶行知的"社会即学校"理论，与"生活即教育"一样，内涵丰富、意义深远。其主要包含以下几个方面：从社会的角度而言，"社会含有学校的意味"，或者说"以社会为学校"，"把整个的社会或整个的乡村当作学校"。这是"社会即学校"的核心含义。陶行知依据"生活即教育"的理念进一步指出，生活无处不在，教育也应无处不在。整个社会是人们生活的场所，自然也应成为教育的场所，所以"社会即学校"。

陶行知提出这一主张，是基于对传统教育、洋化教育的深刻反思以及对人民大众现实处境的充分考虑。传统的学校教育存在严重弊病，脱离社会生活实际，陶行知对此深恶痛绝。他曾犀利地批判："没有生活做中心的教育是死教育。没有生活做中心的学校是死学校。没有生活做中心的书本是死书本。在死教育、死学校、死书本里鬼混的人是死人——先生是先死，学生是学死！先死与学死所造成的国是死国，所造成的世界是死世界。"在他看来，无论是"老八股"还是"洋八股"的学校教育，都如同鸟笼一般，将学生禁锢在狭小的范围内，与社会生活隔绝，与人民大众的生活实际脱节，成为少数特权阶层的专属。

为了改变这种状况，陶行知主张拆除学校与社会之间的"高墙"，让学校与整个社会紧密相连，与人民大众的生活实际相融合。他希望打破少数统治者对学校的垄断，让教育不再是特权阶层的工具，而是服务于大众的福祉。他倡导在学校教育中，培养有志于社会改造的"人中人"，让他们去改造腐朽的旧社会，创造美好的新社会，让人民过上幸福的生活。

从人民大众的现实处境来看,"社会是大众唯一的学校,生活是大众唯一的教育"。在当时,课堂的空间有限,无法容纳广大民众,且教学方式刻板,限制了人们的学习与进步。陶行知无奈地感慨:"课堂是既不许生活进去,又收不下广大的大众,又不许人动一动,又只许人向后退不许人向前进,那么,我们只好承认社会是我们的唯一的学校了。马路、弄堂、乡村、工厂、店铺、监牢、战场,凡是生活的场所,都是我们教育自己的场所。"对大众而言,离开传统的"鸟笼式"学校,投身于广阔的社会生活,反而能获得更丰富、更实用的教育。社会这个"大学校",为大众提供了无数学习和成长的机会。

从学校的角度来说,"学校含有社会的意味"。学校要深入了解社会的需求,与社会生活实际紧密结合,为社会改造和发展贡献力量。陶行知虽然对传统学校教育多有批判,但他从未忽视学校的社会功能,反而给予了高度重视。他坚信学校应当成为社会改造的中心,乡村学校要成为改造乡村生活的核心力量,乡村教师要成为改造乡村生活的灵魂人物。他满怀豪情地提出征集一百万个同志,创设一百万个学校,改造一百万个乡村的伟大设想,希望借此为中国的乡村创造新生命,进而推动整个国家的发展。他的这些主张,充满了理想主义色彩,也充分体现了他对学校社会功能的重视程度。

从社会与学校的关系来看,"运用社会的力量,使学校进步,动员学校的力量,帮助社会进步"。两者相互影响、相互促进,共同发展。这一观点体现了陶行知教育学说中的辩证思想。如果学校不能借助社会的力量谋求发展,社会也无法吸收学校的力量实现改造,那么双方都会失去相互促进的机会。只有对学校和社会进行改造,使其相互配合,才能真正实现共同进步。在一些乡村,学校与当地的农户合作,开展农业技术培训,学校为农户提供科学的种植、养殖知识,农户则为学校提供实践场地和生活素材。通过这种方式,学校的教育内容更加贴近实际,学生能够学到实用的知识和技能;同时,农户也提高了生产效率,改善了生活,实现了学校与社会的双赢。

总之，社会含有学校的意味，学校含有社会的意味；生活的场所就是教育的场所，整个社会活动都是教育的范围；运用社会力量推动学校进步，动员学校力量助力社会发展，这些便是"社会即学校"的基本含义。

**方法论：教学做合一**

陶行知所处的时代，传统教育弊端重重。教学过程注重机械灌输，学生呆读死记，教师重教轻学，教学脱离实践，重知轻行，手脑分离。在课堂上，教师采用填鸭式教学法，不顾学生的实际情况，一味地向学生灌输知识。教师主导着整个教学过程，学生毫无主动性和积极性可言，"先生教而不做，学生学而不做"，教与学都与"做"脱节，导致读书的人只劳心不劳力，无法将知识转化为实际生产力；做工的人只劳力不劳心，难以维护自身的利益，还时常遭受他人的剥削。针对这些问题，陶行知在倡导"生活即教育""社会即学校"的同时，提出了"教学做合一"的主张。他认为，教学不应是简单的知识传授，而应是一个教、学、做相互融合的过程。"做"是教学的核心，只有通过"做"，学生才能真正理解和掌握知识，提高实践能力。例如，在教授木工技艺时，教师不能仅仅在课堂上讲解理论知识，还应带领学生亲自操作工具，制作木制品。在这个过程中，学生通过实际操作，不仅学会了木工技能，还能深入理解相关的数学、物理知识，体会到劳动的价值和意义。

"教学做合一"强调手脑并用，让学生在实践中学习，在学习中实践。它打破了传统教育中教与学的隔阂，使教师和学生都参与到"做"的过程中。教师不再是单纯的知识传授者，更是学生学习的引导者和合作伙伴；学生也不再是被动的知识接受者，而是积极的探索者和实践者。这种教学方法培养了学生的创新精神和实践能力，让他们能够更好地适应社会的发展需求，为创造美好人生奠定坚实的基础。

陶行知的生活教育思想，是在对杜威教育思想的继承与批判中发展而来的。陶行知结合中国的国情和社会实际，将杜威的教育理念进行了本土化的创新，形成了独具特色的"生活教育学说"。"生活即教育""社会即学校""教学做合一"这三大理论，相互关联、相辅相成，构成了一个完整的教育理论体系。它们强调教育与生活、社会的紧密联系，注重实践在教育中的重要作用，旨在通过教育培养全面发展、能够适应社会变革、创造美好人生的人才。陶行知的教育思想，不仅在中国教育史上留下了浓墨重彩的一笔，也为世界教育的发展提供了宝贵的经验和启示，至今仍熠熠生辉，激励着一代又一代的教育工作者不断探索和前行。

# "生活·实践"教育是生活教育的创造性转化创新性发展

什么是"生活·实践"教育？其概念、性质、内涵、表述、本质是什么？怎样认识其使命和组织？为什么说"生活·实践"教育是20世纪陶行知生活教育的创造性转化创新性发展？

首先，从概念上来说，"生活·实践"教育是践行习近平总书记实践育人重要指示精神，针对教育与生活脱节、学校与社会脱节、教学与实践脱节的弊端，以陶行知生活教育为理论渊源，以马克思主义实践哲学和人的全面而自由发展教育理论为理论基础，以研究实验者自身长期实践为理论来源，聚焦发展学生核心素养的素质教育新探索。

其次，从性质上来说，"生活·实践"教育是源于生活与实践、通过生活与实践、为了生活与实践的教育。从整个人类的教育思想发展史来看，自古以来，教育与生活、实践的关系是众多思想家、教育家、政治家共同关注的问题。古希腊的苏格拉底、柏拉图、亚里士多德，英国的洛克、斯宾塞、罗素，法国的卢梭、埃德加·莫兰，瑞士的裴斯泰洛齐、美国的杜威，中国的陶行知、陈鹤琴等，一众思想家与教育家围绕教育与生活的内在关联，展开了持续而深入的探索与思考，提出了一系列具有时代特色与思想价值的理论学说，为教育理论的发展与实践变革注入了源源不断的智慧动力。（具体内容我在《生活与教育的关系是历代思想家、教育家思索的核心问题》一文中有详细论述。）马克思和恩格斯虽然没有明确提出"美好生活"的范畴，但是他们从所创立的社会发展理论和人的全面发展理论出发，实现了对历史上各种朝向美好生活的教育探寻的理论超越。

进入现代，随着生活目标的多样化、复杂化，对美好生活的追寻从少数精英和思想家的哲学探寻，变成了关涉每个人生活意义和目标追寻的具有普遍意义的现代性课题。当前，我国社会主要矛盾已经转化为人民日益增长的美好生活需要和不平衡不充分的发展之间的矛盾。习近平总书记在讲话中提出："人民对美好生活的向往，就是我们的奋斗目标。"因此，教育的最终目的就是通过生活与实践，帮助学生创造美好人生，助力国家发展和社会进步。

再次，从内涵上来说，"让教育通过生活与实践创造美好人生"信念及"生活·实践"教育是以生活为本源、实践为载体，生活为内容、实践为路径，生活为中心、实践为方式的教育。其一，生活是"生活·实践"教育的起点和基础。教育的起源与人类生活实践紧密相连，是人类在适应和改造自然及社会环境的过程中逐渐产生和发展起来的。在人类社会的早期阶段，教育与生活高度融合，教育天然地蕴含于日常生活之中，与此同时，生活也浸润着教育的意味。教育活动主要通过日常生活实践进行传授和学习，二者紧密交织，形成了一种浑然天成的教育生活形态。只是随着私有制的产生和社会生产力的发展，教育才逐渐与生活分化并分离，出现了专门的教育机构和活动。在科学技术迅猛发展的今天，教育与生活之间的裂痕正不断扩大，二者之间的脱节现象日益严重，随之带来的负面影响也愈发凸显。因此，让教育回归生活的呼声日益高涨。生活是教育的最初属性，教育源于生活，并包含于其中。实践是承载生活的具体形式，更是"生活·实践"教育得以有效开展的重要载体。实践是传授理论知识的手段，更是促进知识内化的重要途径。通过科学实验、社会实践、实习实训等实践活动，学生才有可能将抽象的理论知识转化为真实且可操作的应用能力，深化对知识的理解和锻炼解决实际问题的能力。其二，生活是"生活·实践"教育的内容。广义的生活就是指人在学校、家庭、社会过程中的各种生命活动，教育应以生活为蓝本，让学生在真实的生活场景中学习和成长。生活中的各种经验、问题和情境都是"生活·实践"教育的重要内容，实践则是将其转化为现实的重要方式，学生通过实践可以学习到书本上无法获得的知识和技能。"生活·实践"教育主张通过搭建实践平台，开展实践活动，引领学生在实践中自主探究、实践创新、体悟生活、感悟生命。同时，也要避免盲目实践，不能为了实践而实践。其三，生活处于"生活·实践"教育的核心位置，这是由生活对于教育的基础性、导向性、丰富性等多方面的作用所决定的。生活是一切知识的发源地，生活中的各种场景和事件都含有丰富的教育资源。教育活动应围绕生活中的各种问题和需求展开，以生活为中心的教育更富有实用性和针对性。而实践则是通过教育满足生活的实际需求的重要方式。"生活·实践"教育主张让学生通过实践回归生活世界，帮助学生更好地内化知识、发展能力，并适应社会发展的实际需求。这就要求学校在课程设计、课堂教学、校内外实践活动中，引导学生在实践中求真知、悟真谛、悦生活、共成长。

又次，从表述上来说，"生活·实践"教育是21世纪的陶行知生活教育，是新生活教育，也是新实践教育。"生活·实践"教育在名称上运用了一个间隔号，旨在表明其自身不是并列意义上的生活实践教育，与当下我国其他教育工作者所推行的生活实践教育存在本质区别。此外，也不能简单地将"生活·实践"教育与当下国内教育界同仁经常提到的综合实践活动、劳动教育、研学旅行等相关内容画上等号。"生活·实践"教育是以生活力和实践力的培养为切入点和重要抓手，以学习力、自主力、合作力、创造力为旨归的未来教育，是涵盖了综合实践活动课程、劳动教育、研学旅行等相关内容，但是又不局限于此的现代化教育。"生活"和"实践"是两个重点。"生活"意味着"生活教育"，强调要在陶行知"生活教育"的基础上，根据新时代的现实需求，对其进行创造性转化、创新性发展。

因此，"生活·实践"教育，也被称作21世纪的陶行知生活教育、新生活教育。新生活教育的"新"体现在以下八个方面：一是理念新。这是针对当前我国基础教育领域出现的三个脱节问题，聚焦发展学生核心素养的素质教育新探索。二是目标新。注重培养学生的"六力"，即生活力、实践力、学习力、自主力、合作力、创造力，"六力"构成一个整体，相互融合，不可或缺，共同指向核心素养的发展。三是课程新。注重教育教学内容与新时代社会生活的贯通，强调其源于生活、通过生活、为了新生活而展开，这也是学生创造力形成的重要基础。四是教材新。强调教材与生活实践紧密相连，坚持与时俱进，联动生活，开发新资源、新教材，引导学生观察生活、感悟生活，提高自己的生活能力。五是教法新。将陶行知发明的"小先生制"创造性转化、创新性发展为善用"小先生+"教学，在"小先生制"之外，辅之以"项目式教学""探究式教学""AI教学"。六是场域新。新生活教育的实施空间不限于课堂，而是放眼所有的生活空间，包括家庭、社会等更广阔的空间。七是做法新。新生活教育除了注重培养新素质学生的"六力"，还注重培养新素质教师、新素质校长、新素质家长的六项关键能力。八是评价新。新生活教育以新素质学生、新素质教师、新素质校长、新素质家长的六项关键能力为核心，构建一套科学有效的评价指标体系。"实践"意味着"实践教育"，这是以马克思主义实践哲学为理论基础，践行习近平总书记实践育人指示精神的新时代的实践教育，因此，"生活·实践"教育也可称新实践教育。

还有，从本质上来说，"生活·实践"教育是聚焦发展学生核心素养的素质教育新探索。1987年，时任国家教育委员会副主任的柳斌在《努力提高基础教育的质量》一文中首次提出"素质教育"概念，强调基础教育应摆脱应试导向，转向公民素质的系统培养。1993年，《中国教育改革和发展纲要》将"全面提高学生素质"确立为教育改革的核心方向，标志着"素质教育"正式上升为国家战略。1994年，全国教育工作会议设立首批10个素质教育改革实验区，重点探索课程减负与评价改革。1999年，国务院批转《面向21世纪教育振兴行动计划》，启动"跨世纪素质教育工程"并颁布《中共中央、国务院关于深化教育改革全面推进素质教育的决定》，以课程改革为抓手拉开第八次基础教育改革序幕，这是"素质教育"1.0版本。2001年教育部印发《基础教育课程改革纲要（试行）》，构建三维目标的新课程体系。2010年出台的《国家中长期教育改革和发展规划纲要（2010—2020年）》将"素质教育"确立为战略主题，逐步建立质量标准体系。2016年，由北京师范大学林崇德教授带领的团队发布《中国学生发展核心素养》白皮书，以文化基础、自主发展、社会参与三大维度重构目标体系，使"素质教育"通过"核心素养"载体实现落地转型，这是"素质教育"2.0版本。2017年，新修订的《高中课程标准》将学科"核心素养"融入课程设计。2019年，《关于新时代推进普通高中育人方式改革的指导意见》提出综合素质评价省级平台建设要求，推动政策深化。党的十八大以来，实践育人理念得到全方位贯彻。2021年"双减"政策推动"素质教育"主阵地回归校园，推动基础教育生态实现系统性革新。《义务教育课程方案（2022年版）》规定"劳动课程"作为一门国家课程，与"综合实践活动""地方课程""校本课程"占九年总课时的比例达14%—18%。2023年《全面加强和改进新时代学生心理健康工作专项行动计划（2023—2025年）》首次将心理素质纳入核心指标，构建五育融合的"素质教育"新格局。"生活·实践"教育在此基础上，提出八大举措：彰显行知理念符号、建设师生共同课堂、善用"小先生+"教学、采用活动课程教材、构建全域活动空间、组织师生亲子共读、开展三大师生行动、实施现代治理评价，推动素质教育深入开展，这是"素质教育"3.0版本。

  此外，从使命上来说，"生活·实践"教育旨在通过教育改进、推出一批新素质学校。新素质学校是"生活·实践"教育实验学校的统称，是新时代背景下素质教育的新探索。新素质学校依托学校、家庭、社会的优质教育资源，采用先进的学校治理模式，开展学校课程教材、课堂教学、管理评价等方面的教育改革，致力于培养新素质学生、新素质教师、新素质校长、新素质家长。新素质学生具有生活力、实践力、学习力、自主力、合作力、创造力。新素质教师具有终身学习能力、课程改革能力、应用技术能力、合作共事能力、领导胜任能力、创新发展能力。新素质校长具有理念引领能力、规划决策能力、文化塑造能力、教学领导能力、资源整合能力、应用技术能力。新素质家长具有善于学习能力、乐于倾听能力、勇于引导能力、有效沟通能力、自我调控能力、应用技术能力。美国教育家帕克·帕尔默在《教学勇气：漫步教师心灵》一书中提到："我只有拓展和深入我的内心世界，才能理解任何伟大事物的内心世界。我不认识自己的本性，就谈不上认识他者的本性。只有我们自己认识到自己也是伟大的事物，我们才不会忽而傲慢地高估自己，忽而卑微地低估自己，有一个谦虚的态度，正确而真实地评价自己。"我们从事的"生活·实践"教育实验是一件意义重大、影响深远的伟大事物，肩负着一种通过研究、实践和推广"生活·实践"教育理念，推动新时代基础教育改革、发展与创新，助力强国建设、民族复兴伟业并为人类教育发展贡献中国智慧的重要使命。

  最后，从组织上来说，我们依托全国性教育学术社团中国陶行知研究会，成立"生活·实践"教育专业委员会，组建全国"生活·实践"教育共同体，以陶行知为先驱和榜样，由一群志同道合的人集道德、情感、智慧与行动于一体，自愿汇聚到一起，想国家之所想，干自己所能干之事。针对现实教育困境，自主参加学术研讨活动，研究探索教育问题，主动分享经验成果，通过实施"生活·实践"教育实验，不断推动教育改进，日益形成和丰富完善教育理论。当下，全国"生活·实践"教育共同体正在成为国内民间教育实验领域的重要力量。其规模持续扩大，研究不断深入，不仅取得了日益显著的成效，影响力也与日俱增，展现出蓬勃的生命力和广阔的发展前景。中国陶行知研究会"生活·实践"教育专业委员会和全国"生活·实践"教育共同体，期待更多的教育工作者踊跃参加探索和实践21世纪的陶行知生活教育、开展"生活·实践"教育实验这项意义深远的活动。

第二辑

# 目标、内容、方法论
## ——核心维度

## 培养全面发展的"真人":认知、情感、实践的统一

**培养全面发展的"真人"**

在近代中国的历史长河中,教育领域经历了一场深刻的变革。戊戌变法、辛亥革命和五四新文化运动的浪潮,虽如阵阵惊雷,冲击着传统教育的壁垒,推动其向现代教育缓缓过渡,但传统教育的积弊犹如顽疾,难以在短时间内根除。彼时,教育与生活、社会与学校之间的鸿沟依旧巨大,尤其是乡村教育,盲目照搬城市教育模式,与乡村的实际情况和农民的生活需求严重脱节,宛如无根之萍,飘摇不定。

目睹这一困境,陶行知,这位心怀教育理想的先驱者,挺身而出。1926年,他抓住中华教育改进社下设乡村教育研究部的契机,聘请东南大学乡村教育教授赵叔愚、金陵大学农业教授兼农场主任邵仲香为研究员,一同踏上了探寻乡村教育改进之路。他们沿着沪宁路沿线,深入考察各地乡村学校的现状,每一步都踏在乡村的土地上,每一次调研都饱含着对乡村教育的殷切期望,为筹办试验乡村师范学校倾尽全力。

陶行知深知,师范教育是改变社会教育环境的关键钥匙。他满怀热忱地宣称:"我从前曾经为师范教育努力,现在正是为师范教育努力,以后仍是继续为师范教育努力。"为了实现心中宏伟的教育蓝图,他立下壮志,"要筹募一百万元基金,征集一百万位同志,提倡一百万所学校,改造一百万个乡村",这豪迈的誓言,犹如振聋发聩的战鼓,鼓舞着无数的教育志士投身乡村教育事业。

1926年12月，陶行知挥笔写下《试验乡村师范学校答客问》，文中着重强调了试验乡村师范学校的实验性质，宛如一盏明灯，为迷茫的乡村教育照亮了前行的方向。"就是用科学的方法去开新的生路"，这句坚定的话语，彰显了他破旧立新的决心。与此同时，《新教育评论》刊登出他拟订的《中华教育改进社设立试验乡村师范学校第一院简章草案》，对学校的培养宗旨、目标、组织管理制度、学习科目、考试办法等一一作出明确规定，为晓庄师范学校的创办搭建起坚实的框架。

晓庄师范的实验，如一场顺应时代需求的教育革新之旅，严格遵循陶行知关于生活教育的构想有序展开。学校的办学宗旨是："根据中心学校办法，招收中等以上各级学校末年级生加以特殊训练，俾能实施乡村教育并改造乡村生活。"秉持这一理念，师生们无畏艰辛，毅然选择了荒山野岭作为建校之地。起初，这里只有两间茅草屋，墙壁还是草泥抹就，条件极为简陋。但师生们毫不退缩，他们以勤劳的双手开辟校园，种粮种菜，让这片荒芜之地逐渐焕发出勃勃生机，每一寸土地都倾注着他们对乡村教育的热爱与执着。在实践过程中，他们紧密结合中国当时农民的生活状况，因地制宜地开展教育实验，力求让教育真正扎根于乡村的土壤。

晓庄师范的培养总目标是"培养乡村人民儿童所敬爱的导师"。为实现这一目标，陶行知提出了五项具体的培养目标，每一项都蕴含着他对乡村教育的深刻理解和美好期许。

"健康的体魄"，是陶行知反复强调的重点。他深知，"健康是生活的出发点"，是成就一切事业的基石。因此，他多次喊出"健康第一"的口号，关注学生的身体健康，为他们未来在乡村教育事业中拼搏奠定坚实的基础。

"科学的头脑"，要求学生具备近代自然科学与社会科学知识，对科学技术充满浓厚兴趣，并注重实验。他们将带着科学的方法走进农村，指导农民科学种田，为乡村的发展注入科技的力量，用知识改变乡村的面貌。

"艺术的兴趣"，体现了陶行知对乡村教育工作者美学修养的期望。他希望从事乡村教育的人，不仅要有扎实的专业知识和技能，还要具备发现美、欣赏美、创造美的能力，用艺术的魅力为乡村生活增添色彩。

"农夫的身手"，这一目标强调培养能吃苦耐劳、善于劳动、踏实肯干，且能与农民亲密无间的导师。在陶行知眼中，只有真正深入乡村，与农民同劳作、共生活，才能赢得乡村人民和儿童的敬爱，这也是他从事乡村师范教育实验时最为看重的一点。

"改造社会的精神"，是对学生思想素质的特殊要求。陶行知认为，活的乡村教育需要活的乡村教师，而具备"农夫的身手""科学的头脑"和"改造社会的精神"的教师，就是改造乡村生活的灵魂。他们将以自己的智慧和行动，在乡村这片土地上掀起教育与发展的浪潮，让乡村在教育的滋养下焕发出新的活力。

晓庄师范的生活教育实验，是陶行知生活教育学说的首次重要实践，其核心聚焦于乡村师范教育的改革。这场实验如同一股清流，涤荡着封建传统教育脱离生活、远离民众的弊病，彻底革新了旧的乡村师范教育办学模式，为新型乡村师范教育的发展开辟了道路。在20世纪二三十年代，晓庄师范创造的办学模式成为教育界开办乡村师范教育的典范，引得众多教育者纷纷借鉴学习。

在晓庄师范实践的深厚土壤中，陶行知对杜威的教育思想进行了本土化的改造，并对自己的实践经验进行了系统总结，进而提出了影响深远的生活教育理论，主张"生活即教育""社会即学校""教学做合一"。可以说，晓庄师范的办学实践和生活教育理论的诞生，标志着陶行知独具特色的教育思想正式形成，同时也成为他后续一系列生活教育实验的起点。

尽管晓庄师范的生活教育实验带有一定的理想主义色彩，但它的意义极为深远。对于陶行知本人而言，这次实验是他教育理想的初次实践，为他后续的教育探索积累了宝贵经验；对于当时和后来开展教育实验的人们来说，它激励着大家在教育改革的道路上不断探索。

**育才学校知情意合一的教育**

育才学校十分注重知情意合一的教育。陶行知洞察"中国数十年的新教育是知识贩卖的教育"这个弊病，赞成"有心人曾慨然提倡感情教育，知情意并重的教育"，但他又批评那种把知情意三者"割裂的训练"、孤立化的感情教育。他说：

书本教育也许可以使儿童迅速获得许多知识，神经质的教师也许可以使儿童迅速地获得丰富的感情，专制的训练也许可以使一个人获得独断的意志，但我们何所取于这样的知识，何所取于这样的感情，何所取于这样的意志？知情意的教育是整个的、统一的。知的教育不是灌输儿童死的知识，而是同时引起儿童的社会兴趣与行动的意志。情育不是培养儿童脆弱的感情，而是调节并启发儿童应有的感情，主要的是追求真理的感情：在感情之调节与启发中使儿童了解其意义与方法，便同时是知的教育；使养成追求真理的感情并能努力与奉行，便同时是意志教育。意志教育不是发扬个人盲目的意志，而是培养合于社会及历史发展的意志。合理的意志之培养和正确的知识教育不能分开，坚强的意志之获得和一定情况下的情绪激发与冷淡无从割裂。现在我们要求在统一的教育中培养儿童的知情意，启发其自觉，使其人格获得完备的发展。

陶行知育才学校知情意合一的教育仍是今天急需的教育，值得我们继承和发展。

# 21世纪学生六大关键能力

在20世纪上半叶那个教育亟待革新的时代，陶行知提倡生活力、自动力、创造力，他深知，教育若要培养出能适应社会、改造社会的人才，就必须回归生活的本源。生活力，作为一切能力的根基，是人们在生活中所需具备力量与能力的总和，涵盖生存、生活、适应和改造社会的能力，它为自动力和创造力的发展提供了坚实土壤；自动力，犹如前行路上的指南针，引导着学生自主探索、自我成长；创造力，则是开启未来之门的钥匙，是推动社会进步的关键力量。生活教育的核心目标，便是精心培育学生这三种关键能力。

时光流转，21世纪时代浪潮对教育提出了更高的要求，世界教育发展趋势也在不断演变。在这样的背景下，"让教育通过生活与实践创造美好人生"信念应运而生，它在传承陶行知教育理念的基础上，结合时代需求，将"三力论"拓展为"六力论"，即生活力、实践力、学习力、自主力、合作力、创造力。这"六力"，构成了"生活·实践"教育所倡导的21世纪学生六大关键能力，也被称为"21世纪六项关键能力培养模型"。"生活·实践"教育以培植这六大能力为核心要义，为学生的成长铺就一条通往美好未来的道路。

**培植生活力：回归生活，奠基成长**

生活力，如同一棵大树的根系，深深扎根于生活的土壤，汲取养分，支撑着整棵大树的生长。它是各种能力和精神的凝练与升华，是自动力和创造力发展的基础与前提。在陶行知生活教育理论中，生活力占据着重要地位，代表着适应、改造现代社会生活所应具备的力量。随着社会的不断发展，生活力所涵盖的能力愈发丰富多样。

"让教育通过生活与实践创造美好人生"信念将培植生活力视为首要任务，致力于让学生重新回归生活世界。生活力不仅包括基本的生存力、生计力，还涵盖学习力、演说力、交往力等。这些能力相互交织，共同构成了学生成长的能力体系。例如，在日常生活中，学生通过参与家务劳动，学会了整理房间、烹饪美食，提升了生存和生活技能；在与他人的交往中，锻炼了演说力和交往力，学会了如何清晰地表达自己的观点，如何与不同的人友好相处。让学生在生活的点滴中积累经验，提升能力，为他们的未来生活奠定坚实的基础。

**锤炼实践力：知行合一，体验真知**

实践力，是连接知识与现实世界的桥梁。习近平总书记强调"实践育人"，凸显了社会实践在培养人才过程中的重要性。"生活·实践"教育敏锐地捕捉到这一时代需求，将实践力作为关键能力之一单独提出。

在现代教育中，知识的过度宰制导致了人的异化，学生往往被困于书本知识的牢笼，与现实生活脱节。"让教育通过生活与实践创造美好人生"，即是以实践为学习和发展的路径，鼓励师生积极投身于多元的实践活动，如社区服务、科学实验、实地调研等。在这些实践活动中，学生锻炼了收集处理信息的能力，学会从海量的信息中筛选出有价值的内容；提升了社会活动能力，能够更好地融入社会，与他人协作；增强了观察分析能力，善于发现问题并深入思考；掌握了解决问题的能力，运用所学知识解决实际生活中的难题。

"手脑并用""知行合一""做学教统一"是提升实践力的有效路径。学生在实践中动手操作，将大脑中的理论知识转化为实际行动，在行动中深化对知识的理解，实现知识与实践的相互促进。就像在手工制作课程中，学生通过亲手制作手工艺品，不仅提高了动手能力，还对材料科学、美学等知识有了更深刻的认识。

**提升学习力：打破桎梏，唤醒潜能**

学习力，是学生成长的核心动力。它是人们将外在知识资源内化为精神力量，并转化为实际行动的综合能力。在同一班级中，不同学生的学习动力、态度和认知能力存在差异，导致学习效果各不相同。学习力蕴藏着学生生命成长的巨大潜能，对学生的发展起着至关重要的作用。

陶行知的"每日四问"，一问身体，二问学问，三问工作，四问道德，为培养学生学习力提供了宝贵的思路。"让教育通过生活与实践创造美好人生"信念倡导以生活为内容，以实践为方式，打破教育与生活、学校与社会、教学与实践之间的壁垒。学生不再局限于课堂上的书本学习，而是在生活的广阔天地中汲取知识。例如，在参观博物馆时，学生通过观察文物、聆听讲解，了解历史文化知识；在参与科技活动中，亲身体验科学实验的乐趣，激发对科学知识的探索欲望。这种教育方式唤醒了学生学习力的内在涌动，让他们在学习中感受到乐趣和成就感。

**养成自主力：激发自主，掌控人生**

自主力，源自陶行知提倡的自动力，它包含自动力、自治力、自理力、自控力、自识力、自塑力等多个方面。在结构形态上，自主力主要体现在自主意识、自主习惯和自主感等方面。

联合国教科文组织等国际组织都高度重视培养学生的自我管理能力，因为学生只有具备自主力，才能真正掌握自己的人生方向。"让教育通过生活与实践创造美好人生"信念以生活为逻辑起点，关注学生的内在生命样态和个性发展。在日常生活中，通过鼓励学生自主安排学习计划、管理个人时间、参与班级事务管理等活动，激发学生的自主意识；在长期的实践中，帮助学生养成自主学习、自主思考的习惯；让学生在自主决策和行动中，逐渐形成自主感，感受到自己对生活和学习的掌控力。例如，在小组合作学习中，学生自主分配任务、协调进度，在这个过程中锻炼了自主能力，为未来独立面对生活挑战做好准备。

**增强合作力：合育共进，携手同行**

合作力，是 21 世纪核心素养的重要组成部分，也是陶行知所注重的集体生活、共同生活理念的延伸。"让教育通过生活与实践创造美好人生"

提出"合育",旨在培养学生"合群、合作、合享"的能力。

合作学习是培养合作力的重要方式。在合作学习中,学生们共同探讨问题、分享学习成果,不仅提高了学习的主动性和自我控制能力,还促进了良好人际合作关系的形成。合作力的培养贯穿于教育的各个环节,不仅包括师生之间的合作,还涉及教师与教师、学生与学生之间的合作,以及教学过程中各种要素的合作互动。在校园活动中,如运动会、文艺演出等,学生们分工协作,有的负责组织策划,有的负责表演展示,有的负责后勤保障,在这个过程中学会沟通、互助和分享,体验到合作带来的快乐和成就感。

**发展创造力:解放思想,开拓未来**

创造力,是人类独有的综合性能力,是推动社会进步的核心力量。"让教育通过生活与实践创造美好人生"这一理念对创造力的阐释,在陶行知"创造力"思想的基础上,结合新时代创新型社会建设的要求不断发展。

陶行知认为,培养"真人"的关键在于改革和创造,要将解放出来的力量运用到创造中,创造新自己、新中国和新世界。在新时代,教育者肩负着培养学生创造力的重任。"让教育通过生活与实践创造美好人生"强调教育不能脱离生活,脱离生活的知识教育往往只能提供死的知识,而创造力的培养需要活的知识。学校应成为培养创造力的摇篮,以学生的生活为中心,开展丰富多彩的活动,如科技项目、文学创作、艺术表演等。通过这些活动,激发学生的创造激情、创新欲望,培养实践能力,让学生在生活与实践中打破固有思维范式,构建创新学习共同体。

"让教育通过生活与实践创造美好人生"信念和"生活·实践"教育的提出,正是为了解决当前教育存在的教育与生活脱离、学校与社会脱离、教学(学习)与实践脱离这三大问题。它以实践为导向,积极落实习近平总书记实践育人的重要论述。在实施过程中,以课程实施为重点,配合教学改革,全面减轻学生作业和培训负担,基于核心素养培养学生的"六力",让教育回归本源,帮助学生通过生活与实践创造美好人生。

# 学科知识的"生活化解码"策略

陶行知曾言:"教育只有通过生活才能产生作用并真正成为教育。"在当今时代,"让教育通过生活与实践创造美好人生"已成为教育领域的核心追求,而"生活·实践"教育正是这一信念的生动践行。它致力于打破传统教育的桎梏,让教育回归生活的本源,通过实践的磨砺,助力学生创造美好的人生。

**"生活·实践"教育的课程观:回归、实践与多元**

"生活·实践"教育高度重视课程理念的革新,秉持着一种面向生活与实践的课程观,对学科知识进行"生活化解码",让知识真正走进学生的生活。

1. 回归生活:契合学生的成长旋律

"生活·实践"教育课程观倡导"回归生活"的理念。课程如同灵动的音符,只有与学生的生活经验、背景和问题紧密相连,才能奏响学生兴趣和发展需求的美妙旋律。教师在课程设计时,就如同搭建一座桥梁,以学生的生活为基石,将知识与生活紧密相连。例如,在自然科学课程中,教师引导学生观察身边的自然现象,像四季更替、植物生长等,让学生在熟悉的生活场景中探索科学的奥秘,从而激发他们对科学知识的浓厚兴趣。课程实施也深深扎根于学生的活动经验与过程。学生不再是被动的知识接受者,而是积极的参与者。他们在实践活动中亲身体验,如参与社区垃圾分类宣传活动,在与他人的互动和合作中,不仅提升了自己的表达能力和沟通能力,还增强了环保意识,明白了自己对社会的责任。

美国实用主义哲学家、教育家杜威提出"经验的连续性"和"学生需求"这两个标准，就像是课程内容选择的指南针，确保课程内容既能承接学生原有的生活经验，又能满足他们当下的成长需要。

从更广泛的视角来看，课程内容中的直接经验结构和体系涵盖了学生与自然、自我、他人和社会关系的多个方面。在与自然的互动中，学生走进大自然，观察动植物的生活习性，感受大自然的神奇与美妙，从而获得关于自然的知识与体验，培养对大自然的敬畏之心；在认识和处理自我关系时，通过自我反思、自我评价等活动，学生逐渐了解自己的优点和不足，学会自我调节和控制，塑造独立的人格；在与他人和社会的交往中，学生参与团队活动、社会实践等，学会与他人合作、分享，提升社会交往能力，更好地融入社会。这些丰富的直接经验，为学生的成长提供了充足的养分。

2.注重实践：在体验中探寻生命的意义

课程不仅仅是知识的载体，更是学生以反思性、创造性实践建构生命意义的舞台。课程内容与人类的群体生活以及学生的个体生活息息相关，为学生提供了反思和创造性活动的广阔空间。例如，在手工制作课程中，学生从设计图纸到选择材料，再到动手制作，每一个环节都充满了挑战和创新。他们在实践中不断尝试、改进，不仅提高了动手能力，还培养了创新思维和解决问题的能力。在这个过程中，学生深刻体会到创造的乐趣和成就感，实现了主体的生长与发展。

"生活·实践"教育课程观要求我们摒弃传统课程观中把学生视为书本知识被动接受者的观念。课程不再是枯燥的知识灌输，而是学生主动参与、积极探索的动态过程。课程设计以"生活经验""学生经历""真实情境"为基准，让学生在熟悉的场景中学习知识；课程实施则采用理解、体验、反思、探究和创造的方式，让学生在实践中深化对知识的理解。传统课程观的弊端在于忽视了学生的主体地位和实践能力的培养，而"生活·实践"教育课程观正是对这种弊端的有力纠正，让学生在实践中发现知识的魅力，探寻生命的意义。

3. 因地制宜：展现课程的多元魅力

"大自然、大社会都是活教材"，课程内容的选择应遵循因地制宜、因时制宜、因校制宜的原则，如同一位能工巧匠，充分利用各种资源，打造出丰富多彩的课程。课程的多元性体现在活动类型的丰富多样上。按照实施空间划分，有课内与课外、校内与校外课程。校外课程，如参观博物馆、科技馆，学生可以近距离接触历史文化和科技成果，拓宽视野；按照参与人数，分为个人、小组和集体课程活动，小组合作课程能培养学生的团队协作能力；以是否有人指导为标准，分为自主课程实践与指导性课程实践，自主课程实践能充分发挥学生的主观能动性；以实践方式划分，有现实性、模拟性和虚拟性课程；以实践内容划分，包括生活性、学科性和文化性课程实践等。这些不同类型的课程满足了学生多样化的学习需求，让每个学生都能在适合自己的课程中找到乐趣，获得成长。

课程的层次性则体现在以学生生活为逻辑起点，内容设计具有清晰的层次、逻辑和结构。课程内容不是零散的生活片段，而是经过精心筛选和组织、具有较高精神价值的结构化知识。"让教育通过生活与实践创造美好人生"信念鼓励各实验学校结合本地本校实际，开发多层次的课程体系。例如，乡村学校可以利用当地的自然资源，开发与农业生产、民俗文化相关的校本课程；城市学校则可以依托周边的文化资源，开设艺术鉴赏、科技创新等特色课程。这种因地制宜的课程开发，既体现了地域特色，又能满足学生的个性化发展需求，让课程真正成为学生成长的助力。

**"生活·实践"教育的课程体系：三级协同，各展其长**

"生活·实践"教育为避免课程体系划分标准过多带来的混乱，构建了国家课程、地方课程、校本课程三级课程体系，三级课程相互配合，共同为学生的成长助力。

1. 以国家课程为主体：筑牢教育的根基

国家课程有广义和狭义之分。广义的国家课程涵盖了国家教育部门制定的各类课程政策,包括课程管理与设计的宏观规划等;狭义的国家课程则是指国家委托相关机构制定的必修课程标准,与日常教育教学紧密相连。国家课程的本质特征在于对公民基本素质提出要求,规定学生发展的最低标准,具有强制性。"生活·实践"教育高度重视国家课程的贯彻实施,将其作为课程体系的主体。在实施过程中,既确保实现国家课程的育人目标,又注重结合地方和学校的实际情况,探索适合学生的教学方式,避免"一刀切"带来的弊端,为学生的全面发展筑牢坚实的基础。

2. 以地方课程为依托:彰显地域特色

地方课程是地方政府根据国家课程政策以及当地的经济、政治、文化等实际情况制定的课程。中国地域辽阔,各地发展不平衡、不充分,统一的课程难以满足不同地区学生的需求。地方课程的存在,就像是为当地教育量身定制的一件外衣,贴合当地的实际情况。例如,在少数民族聚居地区,地方课程可以融入丰富的民族文化元素,开设民族舞蹈、民族音乐、民族手工艺等课程,让学生了解和传承本民族的优秀文化;在沿海地区,地方课程可以结合海洋资源,开展海洋科学、海洋文化等课程,培养学生对海洋的认识和保护意识。地方课程的设置,使教育更好地与当地社会生产生活相结合,让学生在学习中感受到家乡的独特魅力,增强对家乡的认同感和归属感。

3. 以校本课程为标志:打造学校特色

校本课程是学校在国家课程和地方课程的基础上,为服务学生发展而开发的特色课程。它就像是学校的一张独特名片,彰显着学校的特色和文化。校本课程的开发方式多种多样,既可以创造性地开发全新的课程,如一些学校开设的机器人编程课程、传统文化鉴赏课程等,满足学生的兴趣爱好和个性化发展需求;也可以对国家课程进行改造,如有的学校对数学、语文等课程的教材、教法和课堂组织形式进行创新,让学科课程焕发出新的活力。校本课程开发的关键在于以学生成长为中心,充分考虑学校的实际情况,合理协调师生、校长、专家、家庭和社会等各方面的关系，共同为学生打造优质的课程。

**"生活·实践"教育的课程内容：五育并举，全面发展**

我国的教育目的是培养德智体美劳全面发展的社会主义建设者和接班人，"让教育通过生活与实践创造美好人生"信念围绕这一目标，在课程内容上进行了全面的规划和设计，致力于关注每一位学生的发展，尊重学生的个体差异。

1.融于生活，注重实践的德育：培育品德的花园

"让教育通过生活与实践创造美好人生"信念认为，德育不应是空洞的说教，而应融入学生的日常生活，让学生在实践中体验和感悟。德育以儿童的立场为出发点，就像园丁精心呵护花园里的每一朵花，关注学生的情感体验，培养学生之间宽松、友爱、共进的良好人际关系。在人工智能时代，学校德育聚焦于同理心和人类命运共同体观念的培育。例如，通过组织学生参与社区关爱活动，让学生学会关心他人，理解不同人群的需求；开展环保公益活动，培养学生对自然环境的责任感，使学生明白自己与他人、与自然是紧密相连的，从而成为具有丰富情感和良好道德素养的时代新人。

2.启迪智慧，发展智能的智育：点燃创新的火花

21世纪的教育不能仅仅停留在知识的机械记忆层面，而应注重培养学生的想象力和创造力，提升他们的思维能力。"生活·实践"教育的智育观旨在发展儿童的好奇心和理性思考能力，培养学生在知识社会和网络时代的终身学习能力，即自主学习的态度、深度学习的程度和终身学习的意识。通过探究学习、合作学习和实践学习等方式，学生在解决实际问题的过程中，不断锻炼自己的思维能力，激发创新的火花。例如，在科技创新课程中，学生分组进行项目研究，从提出问题、设计方案到实施和改进，每个环节都充满了挑战和创新。在这个过程中，学生不仅学到了知识和技能，还培养了团队合作精神和创新能力，成为充满人文精神的时代创新型人才。

德育和智育相互配合，能产生奇妙的"化学变化"，实现"合育"的目标。"合育"以和合、合作、共享等思想为指导，培养学生合群、合作、合享的品质。在当今合作共赢的时代，"合育"帮助学生学会接受自己、善待他人、关心社会，成为全面发展的新人。它不是在五育之外另加一育，而是辅助德育和智育的一种教育理念和实践策略，促进学生在品德和智慧方面共同发展。

3. 强健体魄，增强意志的体育：塑造健康的体魄

"让教育通过生活与实践创造美好人生"倡导阳光体育，以培养热爱生活、身心脑健全的人为目标。这里的体育侧重于大众体育，旨在让学生通过体育活动养成健康的运动习惯，掌握科学的运动知识，促进社会交往，实现自我认识与超越，培养坚强的意志。阳光体育就像阳光一样，照耀着学生的成长之路，它不仅是生命机能的教育，也是超越自我的教育、团队教育、人格教育，更是生活教育和实践教育的重要组成部分。例如，学校组织的运动会、篮球比赛等体育活动，让学生在赛场上挥洒汗水，既锻炼了身体，又培养了团队协作精神和竞争意识；同时，借助信息化工具进行科学的体育课程设计，根据学生的个体差异制订个性化的运动方案，更好地满足学生的体育需求，提高学习效率。

4. 陶冶心灵，完善人格的美育：感受美的熏陶

"让教育通过生活与实践创造美好人生"信念认为，美育是为学生创造美好人生的重要环节，帮助学生感受美、创造美。美育是审美教育、人格教育、创造教育和情感教育的有机结合，能提升学生的审美意识，丰富他们的情感，完善人格，激发创新创造活力。在我国传统教育中，美育就有着重要的地位，孔子的"里仁为美"、孟子的"充实之谓美"都强调了美与品德、内在品质的紧密联系。

面向生活与实践的学校美育，可以从多个方面入手。首先，开齐、开足、上好美育课，拓宽课程领域，丰富课程内容，让学生接触到不同形式的艺术，如绘画、音乐、舞蹈等；其次，构建以学生发展为中心的美育教学，让艺术服务于生活，例如，组织学生进行校园环境美化设计，

将艺术融入日常生活；再者，开发人人参与的美育活动，整合各方资源，形成美育合力；最后，推进美育评价改革，将生活与实践作为美育评价的重要标准，关注学生在生活中对美的感受和创造能力。

5.全面发展，综合育人的劳育：培养劳动的品质

"让教育通过生活与实践创造美好人生"主张通过有目的、有计划地组织学生参加日常生活劳动、生产劳动和服务性劳动，促进学生形成正确的劳动价值观，培养基本的劳动素养。在日常生活劳动中，学生学会整理自己的房间、洗衣服等生活技能，增强自理能力；在生产劳动中，学生参与种植、手工制作等活动，了解劳动的过程和价值，提高劳动能力；在服务性劳动中，学生参与社区志愿服务、公益活动等，培养社会责任感和奉献精神。

各地"生活·实践"教育研究中心在推进劳动教育时，发挥着重要的研究和服务作用。他们协助学校明确劳动教育的性质和理念，根据不同学段、不同对象制订合理的教育目标和内容，探索有效的教育途径、关键环节和评价方式，并通过高校科研院所、政府部门、中小学幼儿园和第三方的合作模式，推动劳动教育的规划与实施。同时强调"实育"的作用，"实育"即实践教育，它是学生通过实践获得生活体验、生存能力和生命理解的教育方式。"实育"注重解放学生的头脑、嘴巴、双眼、双手、双脚、时间、空间、思维和想象，让学生走进大自然和大社会，在实践中实现全面而自由发展，成为联通不同世界的重要桥梁，为培养具有中国灵魂、国际视野的未来人才奠定基础。

## "生活·实践"教育的课程实施：多元拓展，融合创新

"生活·实践"教育顺应"双减"政策的要求，契合学生的成长需要，在课程实施方面进行了积极的探索，主要体现在"大教师观"下的主体角色变换、"大课堂观"下的教育时空拓展以及"多元融合"的实施方式。

1."大教师观"下的主体角色变换：汇聚教育的力量

"让教育通过生活与实践创造美好人生"秉持"大教师观"，课程

实施主体呈现多元化的特点，就像一个充满活力的教育共同体。这个共同体由传统教师群体、学生、家长、专家学者、社会各类职业从业者、实验室人员、实践基地人员、课程专家、心理学家、社会其他机构人员、志愿者、企业资源、学生本人以及智能设备等多元主体构成。这种多元主体的参与，丰富了教师队伍，为课程实施注入了新的活力。例如，邀请企业工程师走进校园，为学生讲解专业的科技知识和行业发展动态；组织家长参与学校的亲子实践活动，增进亲子关系的同时，也让家长成为教育的参与者和支持者。"大教师观"打破了传统教师的单一主体模式，整合各方资源，共同为学生的成长提供全方位的教育支持。

2."大课堂观"下的教育时空拓展：拓展学习的边界

陶行知提出"社会即学校"，拓展了学校教育的时空范围。"生活·实践"教育在此基础上进一步倡导"世界即课堂"，秉持"大课堂"的理念，打破了课堂局限于教室的传统观念。在"大课堂观"下，博物馆成为学生探究学习的"活"教科书，学生在参观博物馆的过程中，通过观察文物、聆听讲解，了解历史文化的发展脉络；图书馆不再是单一的借阅场所，学校的各个角落都可以成为阅读的空间，"图书漂流台"和电子阅览台的设置，让学生随时随地享受阅读的乐趣；数字化信息空间为学生提供了丰富的学习资源，大数据和云平台的支持使个性化学习成为可能，学生可以根据自己的兴趣和需求深入探究知识；自然生态成为学生学习的天然课堂，校园与自然环境的融合，让学生在亲近自然的过程中，感受大自然的奥秘；社会生活也成为教育的重要场所，学校与社会相互融合，校内资源向社区开放，同时将社会资源引入学校，拓展了学生的实践教学和职业规划的视野，实现学校与社会的良性互动。

3."多元融合"：课程实施的可能与可为：创新学习的方式

"生活·实践"教育的课程实施采用多元融合的方式，就像一场丰富多彩的教育盛宴。它注重运用项目式学习、团队合作学习、多学科融合学习、问题导向式学习、人工智能辅助学习、体验式学习、探究式学习等多种实施方式，只要是有利于实现"让教育通过生活与实践创造美好人生"宗旨的方式都可以为其所用。通过学科课程与生活课程、学校与社会、家庭、大自然等多方面的融合，实现对学生的价值塑造、能力培养和知识传授。这种融合式的实施方式具有开放性和发展性，能够不断适应时代的变化和学生的需求，为学生创造更加丰富多样的学习体验，助力他们在生活与实践中创造美好人生。

"生活·实践"教育以其独特的课程观、课程体系、课程内容和课程实施方式，践行着"让教育通过生活与实践创造美好人生"信念。它就像一盏明灯，在教育的海洋中为学生指引着方向，帮助学生在生活的磨砺中成长，在实践的探索中进步，最终实现自己的人生价值，创造美好的未来。

## 学校课程如何服务学生生活与社区发展

在教育的征途中,人们时常思索:学校应如何在地方社会发展的宏大叙事里留下浓墨重彩的一笔?又该如何为改善百姓生活贡献力量?当中华传统文化在时代浪潮中面临消逝危机,甚至渐被遗忘时,作为文化传承摇篮的学校,更感使命重大。"让教育通过生活与实践创造美好人生"信念主张课程应与地方及学校所在社区的生活紧密相连,以生活、社会和学生发展作为地方课程、校本课程构建的基石,推动课程改革朝着理解、体验、反思、探究和创造的方向迈进。

成都市全兴小学的田园课程项目,便是"让教育通过生活与实践创造美好人生"的生动注脚。学校地处城乡结合部,生源多为农民子弟。在这片充满泥土芬芳的土地上,全兴小学因地制宜,精心打造了契合学生学情的田园环境。田园课程如同一首自然的颂歌,依托"三园"(种植园、养殖园、科技园)、"两馆"(图书馆、科技馆)、"一房"(小厨房),巧妙利用围墙、操场边角等空间,顺应学生亲近自然的天性,构建起回归自然的课程体系。在这里,学生们不再是书本知识的被动接受者,而是田园生活的积极参与者。他们在种植园里播撒希望的种子,见证生命的成长;在养殖园里照顾小动物,感受责任的重量;在小厨房里烹饪美食,体验劳动的乐趣。田园课程注重活动与体验,让学生在实践中学习,在学习中成长,在田园的怀抱里,书写着属于自己的成长篇章。

课程开发,是学校为学生量身定制成长蓝图的过程。个性化教育,作为现代教育的鲜明旗帜,强调儿童个性在学校生活的滋养下茁壮成长。

校本课程，正是实现这一目标的关键所在，它为教育以人民为中心提供了坚实保障。有人疑惑，校本课程是否等同于选修课和活动课？诚然，选修课和活动课为校本课程的构建提供了宝贵的空间，许多学校以此为起点，开启了校本课程的探索之旅。但校本课程的内涵更为丰富，它既可以是必修课，为学生夯实知识基础；也可以是选修课，满足学生的兴趣特长；既可以是知识课程，传播文化的火种；也可以是活动课程，激发学生的实践潜能。

源于陶行知首倡"小先生"理念的"新时代小先生行动"，是整合社会教育资源、融合社区资源与传统文化的创新实践。陶行知曾言："不运用社会的力量，便是无能的教育"。"新时代小先生行动"积极响应这一理念，携手政府行政部门、共青团、公益基金会、社会福利组织，搭建起广阔的活动平台。"新时代小先生"们如同一群活泼的小鸟，飞进社区工作站、街道、居委会、救助站、福利院等社区服务站点，踊跃参与新时代文明实践志愿服务活动。历史遗址、革命传统文化基地，承载着先辈们的热血与梦想，成为"小先生"们传承红色基因的精神殿堂；博物馆、文化馆，汇聚着人类智慧的结晶，开启了"小先生"们探索科学与文化的大门；山林、草场、湿地，展现着大自然的神奇与美妙，成为"小先生"们接受生态教育的天然课堂。"新时代小先生行动"打破了学校、家庭和社会之间的界限，让教育的力量在不同场域中相互交融、绽放光芒。

从行动实施来看，"新时代小先生行动"以培养"小先生"的核心素养为导向，强调"五育融合"，精心组织学生参与"学科教学性行动""日常生活性行动""公益服务性行动"。

"教学小先生"和"生活小先生"聚焦学校教育的广阔天地。"教学小先生"在"即知即传"中，将知识、能力和价值观传递给他人，在帮助同学的过程中，提升自身的必备品格和关键能力。"语文小先生"带领同学们领略文学的魅力，"数学小先生"分享解题的思路，他们在教学相长中共同进步。"生活小先生"则在学校组织下学习烹饪、烘焙、缝纫、收纳整理等生活技能，培养劳动观念和感恩之心。"烹饪小先生"

用双手创造美食，传递温暖；"园艺小先生"在花草间播撒希望，收获成长。

"家庭小先生"立足家庭的温馨港湾，将教育引入家庭领域，开展"日常生活性行动"。在这里，学生们从整理自己的房间、打扫卫生做起，在点滴家务中养成爱劳动的好习惯，树立自理、自立、自强的意识。他们化身"收纳小先生"，让房间变得井井有条；成为"清洁小先生"，为家庭环境带来整洁；作为"劳动小先生"，体会劳动的价值。在日常生活的磨砺中，"家庭小先生"们逐渐成长为家庭的小帮手，为家庭生活增添温暖与活力，由此培养起从小承担责任的意识和使命感。

"社会小先生"活跃在社会大舞台，将教育延伸到社会领域，开展"公益服务性行动"。他们走进文化馆、图书馆、博物馆，成为传播文化的使者；化身"环保小先生"，为守护家园的绿水青山贡献力量；作为"托管服务小先生"，为社区的孩子们带来温暖与关怀。在公益服务中，"社会小先生"们践行社会主义核心价值观，弘扬志愿者精神，培养社会责任感。

在全国各地，"新时代小先生行动"遵循先试点后推广的原则，稳步推进。在试点地区，社会各界人士积极参与，整合优质教育资源，打造了一批"新时代小先生"试点示范区、实验校、园、基地。群团组织发挥引领作用，教育专家、一线教师、家长和社会场馆负责人等各展所长，形成强大的教育合力。各地联动，构建起完善的行动推广体系。

"新时代小先生实践队"是从实验学校中脱颖而出的先锋队。他们依托学校资源，结合周边和社区实际，开展丰富多样的生活实践活动。在假期里，"小先生"们以团队合作的方式，深入社区、走进自然，开展调研和志愿服务。他们在活动中发现问题、解决问题，在"即知即传"中实现教育与生活的深度融合。这些实践队的经验，成为一个个生动的案例，推动"新时代小先生行动"在全国范围内科学化、规范化、标准化发展。

"新时代小先生行动"让孩子们在生活与实践的舞台上绽放光彩，成为热爱祖国、追求真理的探索者，自觉觉人、自利利他的奉献者，手脑并用、知行合一的践行者，身心健康、阳光开朗的追梦者。在这场教育的变革中，教育不再是空洞的说教，而是真实的生活体验；不再是知识的机械灌输，而是深度的实践探索。通过生活与实践，教育为孩子们打开了一扇通往美好人生的大门，让他们在成长的道路上收获知识、培养品德、锻炼能力，创造属于自己的精彩人生。

# 从"教学做合一"到"做学教统一"的教学观

理念与方法的革新始终是推动教育前行的重要力量。党的十八大以来,习近平总书记以前所未有的理论高度和实践深度,围绕中华优秀传统文化的创造性转化与创新性发展,提出了一系列意义深远的新思想、新观点、新论断,推动开展了一系列生动的创新实践。陶行知的生活教育学说作为中国近现代教育思想的瑰宝,凝聚着古今中外文化的智慧结晶,蕴含着对教育本质的深刻洞察。其中,"教学做合一"作为其教学论思想的核心,在我国新民主主义革命时期的教育改革浪潮中,发挥了不可忽视的作用,它犹如一盏明灯,照亮了那个时代教育前行的道路。

时光流转,时代的巨轮滚滚向前。随着当今时代的快速发展、社会的持续进步以及教育改革的不断深化,教育领域面临着全新的挑战与机遇。在这样的背景下,"做学教统一"的教学观应运而生。它传承着中华优秀传统文化的基因,对"教学做合一"进行了创造性转化与创新性发展,赋予其适应新时代的科学理论基础、更为丰富的思想内涵以及现代化的表达形式,为教育的变革注入了新的活力。

**转化与发展:从"教学做合一"到"做学教统一"**

"教学做合一"诞生于陶行知与因循守旧的"老八股"和盲目照搬他国模式的"洋八股"的激烈斗争中,是他在教育实践中不断摸索的智慧结晶。这一教学方法论,既深受传统教学思想的熏陶,又借鉴了美国实用主义哲学家、教育家杜威"从做中学"的理念。然而,当下我国的时代背景、社会条件以及教育需求,与陶行知所处的时代相比,已发生了翻天覆地的变化。从"教学做合一"到"做学教统一",这不仅是对历史教育智慧的传承,更是对现实教育困境的积极回应,以及对未来教育发展方向的引领。

1. "做学教统一"的理论渊源:"教学做合一"

相较于杜威的"从做中学",陶行知的"教学做合一"是基于"行是知之始,知是行之成"这一深刻的认识论,紧密结合20世纪我国国情和教育实际的全新的教学方法论。

首先,"教学做合一"将"做"的范畴拓展至社会教育的广阔层面。它不再局限于个体与自然、社会环境交互所获取的经验活动,取而代之的是人类丰富多样的社会生活和实践活动。这种对"做"的全新诠释,是对杜威理论的突破与升华,使教育与社会生活紧密相连,让学生在更广泛的实践中汲取知识、锻炼能力。

其次,"教学做合一"在重视活动教学的同时,并未忽视系统知识的学习。陶行知强调"做"的本质在于"在劳力上劳心",倡导手脑并用。这一观点纠正了"从做中学"过于侧重学生直接经验而导致直接经验与间接经验相割裂的弊端,使学生能够在实践中深化对知识的理解,实现知识与实践的有机融合。

最后,"教学做合一"将"做"置于教学过程的核心地位,主张学生的"学"和教师的"教"都应以"做"为基础。与"从做中学"侧重于"学"而弱化"教"不同,"教学做合一"注重师生之间的情感交流与相互信任,既关注学生的学习过程,又充分发挥教师在教学中的主导作用,构建起一种和谐互动的教学关系。

2. 从"教学做合一"到"做学教统一"的内在逻辑

既然"做"在教学中占据着核心地位,是教学过程的首要环节,那么为何不直接将"做"置于"学"和"教"之前,称为"做教学"呢?既然"教""学""做"三者相互影响、相互制约,又为何不能用"统一"取代"合一"呢?深入探究"教学做合一"自身存在及其表述上的逻辑问题,有助于我们更加清晰地界定三者之间的界限,为新时代中国教育教学改革提供正确的理念指引。

### 3. 从"教学做合一"到"做学教统一"的理论逻辑

将"做"置于首位，更能凸显其在教学中的核心地位。陶行知将"做"融入教学法，实现了教育理念的重大变革，但在教学顺序上仍遵循传统的先"教"后"学"再"做"的模式。1928年11月，陶行知在湘湖师范讲学时，听课的学生徐德春首先对此发出疑问，认为既然主张以"做"为中心开展教与学，那么为何不干脆就称为"做学教合一"更准确，并为此专门撰写发表《做学教合一概论》一文，后又据此编写并在世界书局出版专著《做学教ABC》，将"做学教合一"系统化、理论化并付诸实践，极大地宣传和推广了陶行知的教学法理念。"做学教"这一顺序的调整，更能突出"做"的教育功能和重要地位，将实践教学的作用充分发挥出来。同时，把"学"提到"教"之前，契合现代教学理论"为学而教、以学为教、由学定教"的价值取向，强调学生学习的主体地位，而不是以学代教。

同时，以"统一"取代"合一"，体现了马克思主义唯物辩证法的观点，能更全面、准确地揭示"做""学""教"三者之间的联系与区别。"合一"强调事物的融合为一，操作时容易忽视不同事物以及同一事物不同方面之间的界限。陶行知虽希望通过"合一"实现三者的融会贯通，但在一定程度上模糊了"做""学""教"各自的独立性和特殊性，未能充分彰显它们的不同教育价值，也容易混淆教学与社会生活实践的界限。

### 4. 从"教学做合一"到"做学教统一"的问题逻辑

如今，我国已构建起世界上规模最大的教育体系，"教学做合一"的内涵也需要与时俱进，融入新的时代元素，以更好地服务于高质量教育体系的建设。

新时代面临的教育任务与陶行知所处的时代截然不同。100多年前的民国时代，中国处于半殖民地半封建社会，教育的首要任务是救国，"教学做合一"旨在推动教育普及，培养救国的有识之士。而如今，截至2023年，我国义务教育巩固率高达95.7%，教育的使命是为社会主义现代化强国建设和中华民族伟大复兴培养德智体美劳全面发展的社会主义事业建设者和接班人。"双减"政策的实施，也促使教育更加注重实践教学，减少重复的知识传授。

社会的变化同样翻天覆地。在陶行知所处的时代，中国还是一个饱受列强侵略、社会动荡的农业国，教育资源匮乏，学校被控制在少数有钱有权者手里，劳动人民的子女很少有机会上学读书，教育只能融入民众的日常生活。而在科技飞速发展的今天，大数据、人工智能技术广泛应用，为教育带来了前所未有的便利，但也带来了新的挑战。以ChatGPT、DeepSeek为代表的新一代生成式人工智能技术，加速了教育的数字转型与融合创新，同时也引发了对教育本质的思考。在这种情况下，"做学教统一"的教学观有助于重塑教学目标、内容、方法和师生关系，使教学回归真实的生活世界。

人才培养的需求也发生了根本性转变。陶行知致力于普及教育，培养投身抗日救亡的革命人才。而在新时代，我国的教育事业蓬勃发展，教育需要培养适应社会发展的各类人才，尤其是拔尖创新人才。这就要求我们摒弃传统的工具理性教学观，调整教育教学策略和方法。

**"做学教统一"的基本主张**

"做学教统一"以马克思主义实践哲学为理论基石，立足我国国情和教育实际，广泛汲取新时代的思想精华。它既具有鲜明的时代精神，又深深扎根于中国本土教育实践，为变革教育生态、重塑教育图景提供了重要的方法论指导，主要体现在以下几个方面。

"做学教统一"主张以"做"为核心，促进"教"与"学"的共同发展，推动"教学相长"。在教学方法上，摒弃传统的满堂灌输、死记硬背等落后方式，推行以问题为导向、以实践为取向的现代教学方法，如项目式教学、案例式教学、探究式教学等。这些教学方法更具适应性、灵活性、可行性和操作性，能够激发学生的学习兴趣和主动性，培养学生的创新精神和实践能力。突破班级授课制的局限，推行满足学生个性化发展需求的教学组织形式。如个别化教学、小班化教学、走班制教学等，根据学生的实际需求，将教师的讲授、学生的讨论、练习、实验等教学方法有机结合，同时充分利用多媒体教学、在线课堂等现代教育技术，丰富教学手段，提高教学效果。

面向真实情境和复杂问题，设计多维教学实践活动，突出教学的整体性和操作性。鼓励学生走出校园，走进家庭、社区和大自然，参与家务劳动、社区服务、社会实践等生活探究性实践，形成对自然、社会和自我的全面认识；参加农业、工商业生产劳动和科学研究性实践，增强理论与实践的联系，培养解决实际问题的能力。

将现实生活元素融入教学内容，强调教学的价值性、情境性和过程性。教学的目的并非单纯的知识获取，而是促进学生全面而自由发展。教学内容应多视角、多层次、多维度地反映生活的真实面貌，让学生在学习中感受生活的美好，培养对生活的热爱和责任感。

按照生活的内在逻辑组织课程和教材，凸显"做"的完整性、逻辑性和有效性。推动"学"和"教"从学校学科教育向生活教育拓展，教师可以参与研发具有特色的校本课程和教材，引导学生通过多种实践活动丰富学习体验，提高综合素质。倡导教师与学生建立共生的"主体间"关系。教师不再是单一的知识传授者，而是学生学习的引导者和促进者；学生不再是被动的知识接受者，而是积极主动的学习者。师生在实践活动中相互协作、共同成长，营造和谐的教学氛围。

为学生提供多样化的实践空间，充分发掘和利用社会生活中的实践资源。学习空间不再局限于传统的物化课堂（即物理空间的教室），还拓展到智能化的云空间、大自然、社会生活等多维空间。种植园、手工坊等都可以成为学生学习和实践的场所，让学生在丰富多彩的实践中积累经验，从抽象的书本知识走向生动的生活世界。

顺应信息技术与教育深度融合的时代潮流，利用大数据、人工智能等新兴技术赋能教学方法变革，提高教育教学质量。通过增强学生的生活体验，提升学生的信息技术素养，使教育更好地适应时代发展对学生素养提出的新需求。

**"做学教统一"指导下的教学方法本质**

在"让教育通过生活与实践创造美好人生"信念的指引下，教学呈现出个体性、动态生、开放性、生成性等特征。项目教学法、情境体验教学法等新型教学方法，更有助于"生活·实践"教育的落地实施，促进学生核心素养的养成。

以语言传递信息为主的教学方法，是通过教师的口头讲授和学生的阅读，实现知识与技能的传授。语言作为人类生活和教育的重要工具，在教学中发挥着不可或缺的作用。教师在运用这类方法时，应科学组织教学内容，语言表达清晰准确、生动形象，引导学生积极思考，并合理运用板书，构建系统的知识网络。

以直接感知为主的教学方法，借助实物、直观教具或模拟实验等方式，让学生通过感知觉获取经验和知识。这种方法具有形象性、直观性等特点，但需要与语言传递法相结合，才能更好地发挥作用。在教学过程中，教师要做好充分准备，引导学生有目的、有重点地观察，并及时反思总结。

以行为训练为主的教学方法，是通过练习、实习、实验等实践活动，帮助学生掌握知识技能，发展思维能力。实践活动是学生成长和教学实施的核心载体，在运用这类方法时，教师要精心设计活动，调动学生的积极性，注重活动的总结和反馈，培养学生的自我监督和自我评定能力。

以审美欣赏为主的教学方法，强调通过情境教学和审美活动，培养学生的审美能力和正确的世界观、人生观。教师应充分利用多媒体工具或艺术形式，引导学生感受生活中的真善美，陶冶性情，激发学生对生活的热爱。在教学中，要关注学生的个体差异，因材施教，引导学生积极参与审美体验。

以引导探究为主的教学方法，鼓励学生独立探索和活动，培养学生的探究能力和创新精神。教师在教学中扮演辅助者和指导者的角色，根据教学内容和学生实际情况设计探究活动，引导学生积极参与，营造和谐的探究氛围。

教育，归根结底是一项关乎"人"的事业，其根本目的在于促进人的全面发展。教育源于生活与实践，这既是教育发展的内在需求，也是人实现全面发展的价值源泉。"做学教统一"的教学观，正是顺应了这一教育发展的本质诉求，为教育的创新与发展开辟了新的道路，让教育通过生活与实践，为学生创造更加美好的人生。

# 教联网时代的教学变革

伴随着工业时代的到来,班级授课制应运而生,成为学校教育的主要模式。它如同一座标准化的工厂,强调标准、同步与统一,虽然在很大程度上推动了教育的规模化发展,却难以顾及学生的个性差异。如今,人类社会已大步迈入万物互联的新时代,传统的班级授课制已无法满足教育发展的需求。未来的学校,正悄然孕育着一场深刻的变革,它将成为一个充满人文关怀与生命温度的教育殿堂,尊重每一个学习者的独特性,满足他们多样化的个性发展需求。

**教联网时代的未来学校**

互联网尤其是物联网时代的来临,使人类进入教育的互联网时代,即教联网时代。在这个时代,未来学校的变革,都将围绕着多样化、灵活、开放、精细、个性化、虚实结合等关键词展开。它勇敢地打破管理者中心、教师中心、教室中心、教材中心的传统结构,如同打破陈旧的枷锁,推动办学理念的转变、管理制度的变革以及教学方法的创新,以适应智能时代在时空、内容、对象等方面的深刻变迁。

在教联网时代,教育资源不再局限于学校的围墙之内。学校将整合社会优质资源,教育提供者更加多元,不仅有学校,还有企事业单位、社会机构等。学生可以自由穿梭于不同的学校,自主选择课程,学分也能得到相互承认;教师也能跨越学校的界限,进行跨校指导。学校的各个学院不再局限于传统的校园,而是分散在社区科技馆、图书馆,甚至是附近的商店、办公室和家庭之中，促进学校与社会的深度融合。同时，学校也将社会资源引入校园，开设商店、理发馆等，还可能引进计算机服务社、3D打印创意公司等各类企业，构建起一个开放多元的办学格局，让学生在真实的生活场景中学习与成长。

学习空间也被赋予了新的内涵。校园户外空间不再仅仅是美观的装饰，而是成为学生亲近自然、探索知识的场所。绿化与课程紧密结合，每一片草地、每一株植物都可能成为教育的资源，让户外空间真正成为学生学习和成长的地方。在教联网的助力下，学生的学习空间变得更加灵活多样，根据课程的需求，他们既可以在教室中汲取知识，也可以深入社区、科技馆和企业开展实践活动，甚至可以踏上不同城市的游学之路。学校本部则更多地扮演学习环境提供者、成长导师陪伴者以及特色校本课程开发者的角色。最终，学校的界限被彻底打破，任何能够实现高质量学习的地方，都将成为学生求知的殿堂，流动的学校和流动的教育将成为现实。

**教联网时代的混合学习**

教联网时代的教育活动，不再是简单的教师讲授和资料查找，而是一场充满活力的交流与互动盛宴。通过实时对话、即时交互等多种形式，师生、生生和人机之间实现了跨越时空的交流与学习。由于虚拟空间的无限广延性，一堂课可能会有成千上万的学生参与，无数教师参与指点，跨学校、跨地区、跨国界的合作教学、合作学习、合作研究将成为未来课堂的常态。

这些变化也促使现实中的学校空间发生变革。当下学校的教室、功能室、图书室等的设置和布局，都将为适应教联网时代而进行调整。未来的学校，将是虚实结合的复合体，拥有从事虚拟、泛在教育的资格，能够颁发网络学习合格证书。学校不仅由一个个实体班级组成，还包含一个个完整的虚拟空间。学校和班级可以创建自己的官方微博、微信公众平台，拓展学习和教学空间，这是未来教育发展的方向。虚实交融的泛在学习将成为学习的常态，学校的物理地点将逐渐模糊，空间概念淡化，跨校、无校学习将成为日常，线上服务与实体体验学习完美结合。未来的教育将通过虚拟平台延伸学校的功能，实现学校与外部世界、虚拟世界的互联互通，满足不同地域学生知识构建的需求，让教育的光芒照亮每一个角落。

**教联网时代的个性化学习服务**

新技术应用的关键，在于其与人及精神层面的融合，从而创造新的秩序、范式与文化。在教联网时代，物联网、人工智能的应用让学习主体的功能不断拓展，智慧学习功能日益强大，重构学校治理生态已成为必然趋势。学校教学管理部门也将从传统的管理角色转变为学生和教师的服务提供者。

个性化学习服务，是一种充满同理心的合作教学模式。未来的学校将摒弃传统的以学校为中心的观念，坚持以用户为中心的思维，根据学生的需求提供精准的产品和服务，有针对性地开展学习服务和支持，真正成为学生成长的摇篮。

在个性化学习服务中，学生学到的知识更加鲜活，这些知识源于真实多维的体验，能够真正融入学生的生命。比如，学生可以在微信公众平台上展示自己的才华，制作新媒体学习报，整合音频、视频等多种元素。这份报纸不仅能让全校师生和家长看到，还能得到及时有效的反馈，这对学生来说是极大的鼓励。如果表现出色，还可能吸引更多社会人士的关注。更重要的是，在个性化学习服务中，学生能够更全面、深入地面对和解决现实问题，提升应对未来挑战的能力。

未来学校的教师，也将以服务学生个性化成长为核心。他们可能是经验丰富的教育工作者，也可能是各行各业的专业人士，通过互联网为学生授课。这些"校外教师"不仅传授技能，还能教会学生如何将教科书上的理论知识应用到生活中，帮助学生在复杂多变的未知世界中进行模式识别。教师的主要工作将是组织创造性的实践活动，引导和陪伴学习者成长。

在教联网时代的这场教育变革中，学校、学习方式和学习服务都在发生着深刻的变化。教育正逐渐回归生活与实践，为学生创造美好人生搭建起坚实的桥梁，让每一个学生都能在这个充满机遇的时代，绽放出属于自己的光彩。

第三辑

# 以课堂革命为中心的学校变革
## ——实践路径

## 彰显行知理念符号

彰显行知理念符号，是以"让教育通过生活与实践创造美好人生"信念为引领，推动学校变革，明确办学方向、锚定价值引领的必然要求。对实验学校而言，这一符号的彰显不仅是推进学校革新的关键路径，更是明确办学方向、引领价值追求的迫切需要。

实验学校应精心做好顶层设计，宛如构筑一座宏伟的教育大厦，在规划学校发展蓝图时，将行知理念符号巧妙融入每一块砖石之中。每一个发展阶段、每一项奋斗目标，都紧密契合"让教育通过生活与实践创造美好人生"信念，让学校沿着正确的航向破浪前行。

同时，注重运用多元载体，如同播撒希望的种子，通过校园文化的肥沃土壤，使"让教育通过生活与实践创造美好人生"信念生根发芽、茁壮成长。学校可设立陶行知塑像，让先生的智慧目光凝视着校园的每一处角落；打造行知长廊，串联起先生教育思想的璀璨明珠；开辟行知广场，使之成为师生交流与感悟的精神殿堂；营造行知花园，让四季的芬芳中弥漫着教育的真谛；设置行知喷泉，让灵动的水花跳跃着实践的活力；建立行知纪念馆（室），将先生的故事与理念妥善珍藏，为师生提供沉浸式的学习体验场所，助力他们深度领会陶行知的教育思想与实践。此外，将陶行知教育信条，尤其是习近平总书记多次提及的名言警句，如同镶嵌璀璨宝石般融入校园文化建设的各个环节：教学楼的墙壁、教室的黑板旁、图书室的书架间，都能见到这些语句的身影，它们如同无声的导师，在无形中熏陶着师生，引领他们树立正确的价值观与教育理念。

教师在这一进程中扮演着关键角色，恰似领航的灯塔，为学生照亮前行的道路。教师应为学生开展丰富多彩的活动，将陶行知教育思想与"让教育通过生活与实践创造美好人生"信念巧妙融入学生的日常学习生活。带领学生读陶书，在字里行间探寻智慧的宝藏；讲陶史，让历史的回声启迪未来；诵陶诗，感受诗意的教育情怀；唱陶歌，以旋律传递理念的力量；画陶报，用色彩描绘心中的感悟；书陶文，书写对教育的理解与思考；演陶剧，在舞台上演绎先生的故事；跳陶舞，以灵动舞姿展现教育的活力；做陶事，在实践中践行理念；成陶子、做陶娃，努力成长为践行行知理念的新时代学子。此外，教师还应联合家长及各界人士，共同举办教育文化节、文化周、艺术节、展览、画报或征文比赛等活动，汇聚各方力量，拓展教育资源，形成强大的教育合力。

学校还应积极引领教师投身于陶行知研究课题之中，如同开启探索未知领域的征程。鼓励教师申报以陶行知研究为主题的国家级课题、省市级课题，以及包括中国教育学会或中国陶行知研究会在内的研究会课题、中国陶行知研究会"生活·实践"教育专业委员会课题、"生活·实践"教育共同体年度课题等。让教师在研究与实验中，共同探索教育的新模式与新路径，为教育事业的发展贡献智慧与力量。

最后，实验学校应构建全方位、立体式的宣传体系，如同编织一张紧密的网络，让行知理念与"让教育通过生活与实践创造美好人生"信念传播得更远更广。充分利用官网、公众号、校刊、广播等平台，设立"陶行知教育思想研究"栏目，宛如打开一扇知识的窗户，专门介绍陶行知思想的核心内容，并结合学校的教育实践，生动阐述这些思想如何在日常教学、课程设置、校园活动中落地生根。开设相关教育栏目，分享成功案例与创新做法，展示师生基于这一理念的优秀作品，吸引更多同行的关注与交流，进而提升实验学校的影响力与美誉度。

## 建设师生共同课堂

建设师生共同课堂，是以"让教育通过生活与实践创造美好人生"信念为引领，推动学校改革的关键环节。

建设师生共同课堂有着深远的历史渊源，可以追溯到20世纪20年代陶行知提出的"共学、共事、共修养"理念主张。该主张随后在南京晓庄乡村师范、上海山海工学团、重庆育才学校、重庆社会大学等重要的教育实验基地推行，极大地冲击了那个时代旧有的教育观念，培养了一批具有创新精神和实践能力，且积极投身社会改造和进步事业的先进人物。时至今日，这种理念主张依然可以为当前我国基础教育改革提供重要的理论支撑和实践指导。

建设师生共同课堂，核心在于切实落实"三共"理念，这是构建新型教育模式的关键。师生共同课堂，首先是师生共同学习的殿堂。在科技飞速发展的当下，新一代信息技术为教育带来了前所未有的机遇。教师与学生借助其独特优势，一同遨游在知识的海洋，在共同探讨中实现知识共享，就像在知识的花园里一起采集智慧的花蜜，彼此分享收获的甜蜜，进而实现能力的双向提升。"小先生制"教学是师生共同学习课堂的一大特色。它打破了传统教学的固有模式，通过培养各科小先生开展同伴式辅助教学。小先生们以自身的学习热情和独特见解，带动身边的同学主动学习。在这个过程中，学生们不再是被动的知识接受者，而是积极的探索者，他们在平等协作中建构知识，逐渐形成自主学习的能力。这就如同在一片知识的田野里，每个学生都成了辛勤的耕耘者，他们相互帮助、共同成长，让知识的种子生根发芽。

师生共同课堂也是师生共同实践的舞台。学科实践在这里被赋予重要意义，它将学习、教学与实践紧密联系在一起。学科综合、任务驱动以及人工智能与 STEM 教育的融合，成为学生探索知识的有力方式。学生们在实践中如同勇敢的探险家，积极发现问题、解决问题。他们将知识运用到生活实际中，实现知识的生活化迁移。例如，在学习自然科学知识后，学生们走进大自然，观察动植物的生长规律，探索自然现象背后的科学原理，在这个过程中培养创新精神和实践能力，让知识在生活的土壤中绽放出绚丽的花朵。

同时，师生共同课堂更是师生共同成长的家园。教育的本质在于育人，这一课堂着眼于全体学生的全过程、全方位发展，聚焦品德修养、人格完善与情感认同。师生共读经典书籍，在文字的世界里感受智慧的光芒；共议生活中的问题，培养批判性思维和社会责任感；共行实践活动，提升团队协作能力。通过这些活动，师生实现了共享与合作，在相互陪伴中共同进步，诠释了价值引领下的共生发展，如同在成长的道路上，师生携手同行，彼此激励，共同走向美好未来。

课堂，本就是教学相长、协同创新的奇妙场域。在人工智能与教育深度融合的时代浪潮下，传统课堂正经历深刻变革。"师生共同课堂"在某种意义上也可以说是"教师—小先生—AI 智能师"的"三师"共同课堂，借助技术的力量重构教学生态。在这个多维互动的教育共同体中，教师不再是传统课堂上知识的灌输者和主导者，而是转变为引导者、促进者、支持者和协助者，如同智慧的引路人，引领学生在知识的海洋中航行。学生则从被动接受知识的角色转变为主动探索知识的主体，他们踊跃参与课堂活动，担任小先生，为同伴示范学习路径，成为知识传播的小使者。AI 智能师作为智能教学助手，在师生需要时及时提供支持和帮助，如同贴心的伙伴，与师生共同解决问题、完成任务。

这一课堂以倾听和对话为基石，打破了传统单向传授的枷锁。人工智能技术搭建的平等对话空间，让师生、人机之间能够充分交流。在这个空间里，教学过程不再是刻板的流程，而是充满活力的动态生成过程，学生在深度学习中不断成长。在"世界即课堂"视域里，师生共同课堂的边界不断拓展，从学校延伸到家庭和社会。在家庭中，教师与 AI 智能师协同指导家长，激发小先生们的自主学习潜能，让家庭成为学习的温馨港湾；在社会中，二者为各界人士提供专业支持，强化小先生的示范引领作用，让社会成为知识传播的广阔舞台。通过重塑教育主体的角色和拓展技术赋能的场景，教育生态正朝着开放协同、共生共长的方向不断演进。

建设师生共同课堂，可参考"三阶四级五维"模式优化实施。"三阶"即"知—行—创"三个阶段。在中学 45 分钟的课堂里，起始的 20 分钟是开启"知"的关键阶段。"纸上得来终觉浅，绝知此事要躬行。"教师通过详细讲解、播放视频、提出启发性问题等方式，激发学生的学习热情，引导他们主动查阅资料、深入思考探究，为后续学习积累素材，就像为一场精彩演出做好准备。接下来的 15 分钟是"行"的核心环节，学生在教师和 AI 智能师的指导下，化身小先生，积极开展自主探究与讨论交流。他们聚焦学习中的难题，各抒己见，共同归纳解决策略，课堂上洋溢着热烈的研讨氛围，如同一场思想的盛宴。临近课堂尾声的 10 分钟是"创"的升华阶段，教师借助 AI 智能师和学生进行互动总结，帮助学生构建更完善的知识体系，检测教学效果，为后续教学指明方向，就像在旅程结束时回顾道路，总结经验，为下一段旅程做好规划。

课堂实践分为"个体—小组—全班—拓展"四个层级。个体学习主要在课前进行，学生自主完成任务，培养自主学习能力，如同独自探索未知世界的勇士；小组讨论在课中展开，学生以小组为单位解决问题，形成共识，学会团队协作，就像紧密合作的船员，共同驾驶知识的航船；全班交流时，各小组选派代表汇报讨论结果，教师和其他学生进行提问、补充，促进思想的碰撞与交流，如同不同支流汇聚成大河，共同推动知识的发展；延伸拓展在课堂最后 10 分钟及课后进行，教师引导学生将课堂知识与生活、其他学科建立联系，借助 AI 智能师巩固提升，让知识的触角延伸到生活的各个角落。

在教学过程中,教师从"知识—能力—情感—态度—价值观"五个维度关注学生发展。在知识维度,教师帮助学生掌握核心概念,构建知识体系,就像搭建一座坚固的知识大厦;在能力维度,教师通过自主探究、小组讨论和实践操作,培养学生的生活力、实践力等能力,让学生具备应对生活中各种挑战的本领;在情感维度,教师关注学生的情感体验,营造积极的学习氛围,激发学生的学习兴趣和动机,让学习成为一件快乐的事情;在态度维度,教师培养学生积极的学习态度,鼓励他们勇于探索、敢于质疑,养成良好的学习习惯,如同为学生的学习之路点亮一盏明灯;在价值观维度,教师引导学生树立正确的价值观,培养社会责任感、团队合作精神和创新意识,让学生成为有担当、有智慧的社会栋梁。

小学阶段一堂课40分钟的时间分配,则大致可分为前15分钟、中间15分钟和后10分钟。考虑到不同地区、学段、学生的具体情况,上述时间分配和教学流程不宜简单划一,而应灵活变通,确保有效运用、产生实效。

# 善用"小先生 +"教学

善用"小先生 +"教学，是以"让教育通过生活与实践创造美好人生"信念为引领，辅助课堂教学的教学方式。

"小先生制"教学有着深厚的历史渊源，起源于陶行知 1934 年在一·二八淞沪抗战两周年纪念大会上的倡导。在陶行知看来，"小先生制"是推行"生活教育"的理想途径。"生是生活。先过那一种生活的便是那一种生活的先生，后过那一种生活的便是那一种生活的后生。学生便是学过生活的人。先生的职务是教人过生活。……小孩子先过了这种生活，又肯教导前辈或同辈的人去过同样的生活，是一位名实相符的小先生了。""小先生制"打破了传统"长者为师"的观念，以"知者为师""能者为师"为标准，关键在于对知识的掌握和能力的高低。在陶行知的倡导下，"小先生制"迅速传播，短短 11 个月就覆盖我国多个省市，并引起国际教育界关注，特别是引起了牧泽伊平、户塚廉等日本教育工作者的浓厚兴趣，在印度、新加坡等国也备受重视。时至今日，这种倡导即知即传、自主学习、同伴互助理念，营造人人皆可学、人人皆可教的积极氛围的"小先生制"，依然焕发出强大的生机与活力。

在"小先生制"教学中，学生通过高频且富有成效的对话，突破学习材料和同伴话语的局限，不断构建新知识。师生共同课堂按照"个体自学—小组互学—全班共学"的顺序推进教学。学生先初步理解知识，再担任"小先生"与伙伴互动交流，深化对知识的理解，并根据同伴反馈完善自己的认知。例如，在学习过程中，"小先生"及时记录理解盲点,通过查阅资料、向教师和 AI 智能师请教等方式解决问题,再用简洁生动的语言和案例帮助同伴理解知识。组内达成一致后,"小先生"向全班同学分享,实现"以教代学""以教促学"。网络上走红的"小孩哥"分享数学学习方法,就是"小先生"践行这一理念的生动案例。他在担任"小先生"的过程中,不仅加深了对数学知识的理解,学会举一反三,还通过为他人答疑解惑实现了共同进步,就像一颗知识的火种,点燃了更多人对知识的渴望。

这一模式不仅注重"小先生制"教学的运用,还根据实际情况,将"项目式教学""探究式教学""AI 教学"与"小先生制"深度融合,使其相辅相成、相得益彰。

"项目式教学"是以情境学习和合作学习为核心的新型教学方式。它强调学生在真实情境中发现问题、解决问题,通过合作探究完成任务,综合运用跨学科知识解决实际问题,就像在真实的生活舞台上,学生们扮演着各种角色,共同演绎知识的魅力。

这一教学方式包括六个步骤:首先解构教育目标,从课程核心概念到学段关键能力,再到项目具体目标,确保目标明确、具体、可操作,注重生活与教育、社会与学校、教学与实践的融合,就像为一场冒险之旅制订详细的地图;其次构建真实问题情境,依据学生的现实需求和学校的区域特点选择合适的项目内容,让学生在熟悉的场景中感受知识的力量;确定项目场域,"生活·实践"教育馆是重要场所,同时需根据项目真实性层级要求科学选择场域,为学生提供合适的探索空间;明确项目流程,划分为明确任务、实施准备、制订计划、组织实施、交流评价等环节,让学生有条不紊地开展项目;基于跨学科建构项目操作方法,培养学生的程序性知识、概念性知识和社会情感能力,提升学生的综合素养;设计全息化评价生态,注重过程性与终结性评价,引入多元主体评价,涵盖学生自评、同伴互评、教师评价、社会评价等,全面客观地评价学生的学习成果。这种教学方式通过情境性、协作性、探究性和操作性特点,推动素质教育新探索,培育学生核心素养,为学生的未来发展奠定坚实的基础。

"探究式教学"的核心理念是让学生在教师的引导下,通过自主探索、合作交流和实践操作,发现知识、掌握技能,形成正确的世界观、人生观和价值观,培养批判性思维、自主学习能力和创新能力,如同在知识的迷宫中,学生凭借智慧和勇气找到出口。

其过程主要包括以下步骤:创设情境,激发动机。教师结合社会热点、跨学科现象或虚拟仿真场景,创设"认知冲突",激发学生的好奇心和求知欲,引导学生进入学习情境,通过关联学生兴趣、提供选择权,增强学生学习的内在动机,就像为学生打开一扇充满诱惑的知识之门;启发思考,形成计划。教师设计开放性、递进式问题链,引导学生提出假设,提供学习指导策略,帮助学生区分问题类型、思考解决方案、生成互动计划,如同为学生在知识的海洋中指引方向;自主探究,适时引导。教师向学生提供"认知脚手架",监控学生的元认知过程,在学生思维出现卡点时介入指导,让学生在探索知识的道路上少一些阻碍;合作探究,协同共生。教师鼓励学生在交流讨论、合作探究中共享资源信息,协同解决问题,培养团队合作精神,就像众人划桨开大船,共同驶向知识的彼岸;多元反馈,总结提升。教师运用反思日志、数字档案袋记录学生的认知变化,通过同伴互评和教师形成性反馈,促进学生对问题或情境的深度迁移,帮助学生不断总结经验,提升能力;开展跨界探究。教师遵循STEM教育的跨学科交叉原则,设计真实问题驱动的探究任务,拓宽学生的视野;丰富探究场域。构建"学校—社会—虚拟"三位一体的学习生态系统,突破传统课堂的物理与认知边界,让学生在更广阔的天地里探索知识。

"AI教学"是利用人工智能技术优化教学过程的教学方式。通过智能算法、数据分析和机器学习等技术手段,为学生提供个性化学习体验,帮助教师更高效地管理和优化教学活动,就像为教育装上智能引擎,让教育发展更加迅速。

当前,人工智能与STEM教育相结合成为新兴趋势。在"AI教学"中,

AI智能师根据学生的学习进度、兴趣和能力，精准推送个性化学习资源，如同为每个学生量身定制一份专属的知识套餐。人工智能技术还为教师提供强大的教学管理工具，记录学生学习行为和成绩，生成详细学习报告，助力教师实现教学的精准化。AI协助教师设计课程内容、自动生成教学课件，减轻教师备课负担，让教师有更多精力投入到教学创新和学生指导中。在 STEM 教育中，AI 与不同学科深度融合，为学生构建虚实交融的跨学科学习场域：在科学课程中，AI 模拟复杂物理现象或生物进化过程，帮助学生直观理解抽象概念；在技术课程中，AI 辅助学生进行虚拟设计和原型测试，培养创新精神和实践能力；在工程课程中，学生借助 AI 协同控制系统指挥无人机群完成复杂装配任务，领悟人机协同的工程哲学；在数学课程中，AI 通过数据分析和建模，强化学生的数理分析能力，培养用数学语言解读现实世界的跨学科素养。

凭借"让教育通过生活与实践创造美好人生"信念，这些创新的教育实践正不断探索、发展。它们相互配合、相互促进，为学生构建起一个丰富多彩的学习图景，让学生在生活与实践的滋养下，茁壮成长，走向美好的未来。

## 采用活动课程教材

在教育的发展历程中,课程体系的演变犹如一部波澜壮阔的史诗,见证着人类对知识传播与人才培养的不懈探索。采用活动课程教材在学校发展进程中占据举足轻重的地位,它不仅是课程改革与课堂教学稳步推进的必要保障,更是顺应教育发展潮流的关键举措。但这并不意味着对学科课程价值的否定,二者相辅相成,共同勾勒出教育的丰富画卷。

捷克教育家夸美纽斯这位教育先驱,最早怀揣着把一切事物的知识教给一切人的宏大理想。他深信,在自然的引领下,人们能够深入钻研万物的知识,于是主张以学科知识为核心构建课程体系,并大力推行班级授课制。那时,活动课程尚未在教育的舞台上崭露头角。随后,德国教育家、科学教育学奠基人赫尔巴特在夸美纽斯的基础上,进一步深化课程理论,以心理学和伦理学为基石,精心搭建起更为系统的学科课程体系。

然而,教育的发展并非一成不变。美国实用主义哲学家、教育家杜威在批判传统教育的浪潮中,提出了与赫尔巴特学科中心课程截然不同的理念,大力倡导活动课程。他将目光聚焦儿童的兴趣和经验,认为儿童应在实际生活的活动与体验中学习、成长,如同在生活的海洋里自在遨游,汲取知识的养分。陶行知结合中国国情,进一步发展出生活课程(活动课程)的理念,主张将学科课程与生活课程有机结合,为教育的本土化发展开辟了新的道路。

新中国成立后,为了强化学科知识的系统传授,教学计划和教学大纲将学科课程确立为主导课程，将其他形式的活动统称为"课外活动"。到了20世纪80年代中期，随着素质教育理念的提出，活动课程作为"实施素质教育的载体"重新受到高度关注。20世纪90年代初，活动课程正式被纳入课程计划，新的课程结构由学科课程和活动课程共同组成，这一变革打破了学科课程"一家独大"的局面，为教育注入了新的活力。1996年，《九年义务教育活动类课程指导纲要（试行）》的出台，更是为活动课程在基础教育课程体系中奠定了重要地位。进入21世纪，经济社会和科学技术的飞速发展给教育带来了前所未有的机遇与挑战。我国启动了第八次基础教育课程改革，综合实践活动课程在总结近10年活动课程实施经验的基础上，正式登上政策文件的舞台，成为从小学至高中的必修课程。《中小学综合实践活动课程指导纲要》对其性质、目标、内容与实施方式等作出了明确界定，推动综合实践活动课程迈向规范发展的新阶段。

实验学校要敏锐把握教育发展趋势，积极采用活动课程教材（生活课程教材）。这种课程教材既珍视传统学科课程的系统性，又着重突出活动课程（生活课程）的实践性，是对未来基础教育课程改革的积极探索。从三级课程体系来看，综合实践活动课程作为国家课程和地方课程的重要组成部分，是对备受重视的学科课程的有力补充与拓展。"让教育通过生活与实践创造美好人生"信念还主张实验学校自主研发并运用面向生活和实践的校本活动课程教材。校本活动课程教材与国家课程、地方课程紧密相连，形成一个有机整体。它在国家课程的宏观指导和地方课程的区域特色基础上，注重校本化实施，能够更好地满足实验学校的特色发展需求和学生的实际需求。

如今，不少实验学校已成功研发出成熟的校本活动课程教材。这些教材大多围绕健康生活、智慧生活、创意生活、艺趣生活四个主题精心设计，实现了学科课程与活动课程的有机融合。

健康生活系列课程从身体和心理维度出发，设置了整理、器乐、剪纸、烘焙等主题。教材以图文并茂的形式传授生活技能与健康知识，并设置实践活动板块，鼓励学生将所学知识运用到实际生活中，让学生在生活的点滴中收获健康与快乐。

智慧生活系列课程围绕语文、数学、英语等国家课程，采用"学科+社团"的创新形式，将国家课程知识与社团活动深度融合。在教学过程中，运用"小先生制"教学、"项目式教学"等多种教学方法，激发学生的学习兴趣和主动性，培养学生的综合素养。

创意生活系列课程涵盖信息与技术、3D打印、机器人等创客课程，开设人工智能社团、举办科创节等活动。教材注重知识的系统性与前沿性，设置大量实践操作案例与创新项目，让学生在实践中探索创新，培养学生的创新思维和实践能力。

艺趣生活系列课程以民乐、剪纸、书法等常规课和社团课为主，举办艺术节、君子节等丰富多彩的活动。教材以艺术作品赏析、创作技巧讲解为核心，展示各种艺术形式的魅力，精心呈现学生的艺术作品与创作心得，点燃学生对艺术的热爱之情。

这些成功的实践经验，值得在教育领域进一步总结和推广，为更多学校提供借鉴，共同推动教育事业朝着"让教育通过生活与实践创造美好人生"的目标不断迈进。

## 构建全域活动空间

构建全域活动空间，是以"让教育通过生活与实践创造美好人生"信念为引领，完善育人空间的重要措施。

"生活·实践"教育馆作为实验学校构建全域活动空间的核心载体，可按空间与功能两大类别分别构建。

依空间分类，若以学校为界限，可划分为校内"生活·实践"教育馆与校外"生活·实践"教育馆；若以是否运用虚拟空间为界，则可分为线下"生活·实践"教育馆、线上"生活·实践"教育馆及线上线下混合"生活·实践"教育馆。以学校为界限来看，校内"生活·实践"教育馆涵盖整理室、家政室、烹饪室、烘焙室、缝纫室、刺绣室、卫生室、救急室、手工室、木工室、金工室、插花室、茶艺室、琴艺室、棋艺室、书法室、绘画室、园艺室、养殖室、理财室、办公室、编程室，以及生活体验馆、科学探索馆、演艺馆、戏剧院、博物馆、游泳馆、球类馆、养殖馆等实践场馆（室）。校外"生活·实践"教育馆包含校园外的生态农场，可于此体验户外农田劳作（比如在农村地区，可凭借地理位置优势，打造学校专属的生态农业园；在城市地区，可于农村租赁场地建设生态农场，抑或利用校园空间，构建屋顶农业园、屋顶养殖场等）、社区中心学习、社会考察调研、研学基地、旅游景点、艺术中心、博物馆、运动场、电影院、少年宫、博览会等。以是否运用虚拟空间为标准，线下"生活·实践"教育馆，即上述提及的校内"生活·实践"教育馆与校外"生活·实践"教育馆，此处不再赘述。线上"生活·实践"教育馆依托人工智能、物联网、云计算、大数据、虚拟现实等新一代信息技术，借助慕课、微课、短视频等平台资源，为学生提供获取间接生活体验的空间与场所。线上线下混合"生活·实践"教育馆倡导采用"虚拟教师 + 现实教师"相结合的双师制，通过打通线上与线下，拓展学习场域，满足学生多元化、个性化的发展需求，为课堂教学赋能增效。

依功能分类，"生活·实践"教育馆可划分为人文审美"生活·实践"教育馆、科学探究"生活·实践"教育馆、健康生活"生活·实践"教育馆、实践创新"生活·实践"教育馆。人文审美"生活·实践"教育馆包括阅读室、绘画室、书法室、琴艺室、棋艺室、美术馆、博物馆、图书馆、艺术中心、电影馆、资料馆、博览会、戏剧院、名人故居、展览馆、纪念馆等。科学探究"生活·实践"教育馆涵盖实验室、科学探索馆、天文馆、科技馆、极地馆、太空馆、养殖室、编程室等。健康生活"生活·实践"教育馆包含整理室、家政室、烹饪室、烘焙室、缝纫室、刺绣室、卫生室、救急室、手工室、理财室、木工室、金工室、插花室、茶艺室、操场、体育馆、游泳馆、舞蹈室、瑜伽室等。实践创新"生活·实践"教育馆包括社区中心学习、社会考察调研、研学基地、生态农场等。

## 组织师生、亲子共读

组织师生、亲子共读，是"生活·实践"教育实验学校的又一重要推进路径。这一活动不仅能丰富学生的文化积累、滋养精神世界，还能密切师生及亲子关系，促进学生身心健康发展，有效预防校园、家庭恶性事件的发生。

师生、亲子共读是一种新型阅读活动模式，以学校引导为核心，以教师专业指导为支撑，以家庭和社区积极参与为补充。其核心目标是促进学生阅读素养提升，实现学生全面而自由发展。通过整合学校、家庭、社会的优质教育资源，形成多方育人的教联体，如同将分散的力量汇聚成一股强大的洪流，共同推动学生成长。

师生、亲子共读以陶行知"共学、共事、共修养"的理念为思想源泉，同时借鉴建构主义、人本主义等心理学理论。共读过程打破了传统教育中知识单向传递的壁垒，构建起以教师、学生、家长为核心的阅读共同体。三方围绕阅读活动密切协作，形成全方位的阅读学习生态。在师生共读、亲子共读中，不同主体相互交流、分享感悟，实现知识的多向传递与共享。这不仅提高了学生的阅读能力、知识储备和思维水平，还增进了学生与家长之间的情感交流，促进家庭关系和谐，推动教育从学校向家庭、社区延伸，形成全方位育人的良好局面，如同在学生的心灵深处种下了一颗颗温暖的种子，让爱与知识共同生长。

在组织师生共读活动时，教师可以从选书规划、阅读活动设计、激励与评价机制三个方面着手。在选书规划上，教师深入调研学生的阅读喜好与认知发展水平，构建动态更新的选书库。针对低年级学生具象思维的特点，选择色彩鲜艳、情节简单的绘本，如爱尔兰作家山姆·麦克布雷尼创作、英国画家安妮塔·婕朗绘制的儿童绘本《猜猜我有多爱你》、美国作家大卫·香农的作品《大卫不可以》，激发他们的阅读兴趣，就像为孩子们打开一扇通往童话世界的大门；针对高年级学生抽象思维发展的特性，提供我国老舍先生的文学作品《骆驼祥子》、英国作家丹尼尔·笛福的长篇小说《鲁滨孙漂流记》等文学名著及前沿科普读物，在共读时与学生探讨作品内涵、分析人物形象，拓宽他们的阅读视野，如同带领学生攀登知识的高峰。同时，教师结合各学科知识挑选辅助读物，帮助学生将阅读内容与学科知识融合，确保共读内容契合学生需求。

在阅读活动设计上，教师定期开设阅读课，这既是学生的阅读时间，也是师生共读的重要契机。在阅读课上，教师传授阅读技巧，与学生共同阅读文本，示范如何运用技巧提升阅读效率。依据学生兴趣成立各种主题的读书俱乐部，在俱乐部活动中，无论是读书分享会、辩论会，还是阅读札记展示、角色扮演等，教师都积极参与，与学生平等交流阅读感悟，引导学生深入思考，增进师生互动与交流，如同在知识的乐园里共同成长。

在激励与评价机制上，教师设立"阅读银行"，学生通过阅读打卡、参与活动获得积分兑换奖品，每月评选"阅读之星"。教师与学生共同参与阅读打卡，分享阅读心得，激励学生积极阅读。通过校园广播、校报宣传"阅读之星"的阅读经验，分享他们在共读中的收获，进一步激发师生共读热情。为每位学生建立阅读成长档案，记录阅读计划、感悟等，定期撰写评语，肯定学生优点，针对阅读速度、批判性思维等方面提出改进方向，分享教师的思考与启发，助力师生在共读中共同成长，如同为学生的阅读之旅留下珍贵的足迹，见证他们的进步。

# 开展三大师生行动

开展三大师生行动，是以"让教育通过生活与实践创造美好人生"信念为引领，整合校内外教育资源，完善学样、家庭、社会协同育人机制的关键举措。

## 一、新时代小先生行动

"新时代小先生行动"，聚焦基础教育领域的"小先生"培养。

其一，以学校作为核心主阵地，蓬勃开展"新时代学校小先生行动"。此行动可划分为"教学小先生"与"生活小先生"两类。"教学小先生"又细分为"语文小先生""思想品德小先生""历史小先生""地理小先生""外语小先生""数学小先生""物理小先生""化学小先生""科技小先生""体育小先生""情绪管理小先生""心理辅导小先生""创造（创客）小先生"等。"生活小先生"则涵盖"烹饪小先生""烘焙小先生""缝纫小先生""卫生小先生""应急小先生""安全小先生""低碳小先生"等。"教学小先生"着重学习并开展"学科教学性行动"，鼓励学生将所学知识、技能与价值观念倾囊相授，在"即知即传"的过程中，精心培育学生的核心素养。同时，举办"小先生进课堂展示"活动，悉心关注学生的成长与发展。

其二，以家庭为基本单元，温情开展"新时代家庭小先生行动"。其中包含"收纳（整理）小先生""清洁小先生""卫生小先生""劳动小先生"等。借此帮助学生从小养成热爱劳动的良好习惯，树立自理、自立、自强的意识与观念。引导学生积极主动参与，亲自动手实践，自觉承担力所能及的家务活动，善于从衣食住行等日常生活的点滴中，敏锐捕捉各种实践锻炼的宝贵机会。

其三，以社会为广阔平台，深入开展"新时代社会小先生行动"。主要有"文化馆小先生""图书馆小先生""博物馆小先生""艺术馆（美术馆）小先生""名人馆小先生""科技馆小先生""科普小先生""环保小先生""湿地保护小先生""托管服务小先生""研学基地小先生""开心农场小先生"等。让学生在丰富多彩的社会实践活动中，自觉践行社会主义核心价值观。大力弘扬"奉献、友爱、互助、进步"的志愿者服务精神，逐步成长为对社会有突出贡献的新时代优秀青少年。当下，"新时代小先生行动"的活动标识别具一格，涵盖"六个一"：一个独具匠心的会标、一套精心设计的制式服装、一套小巧精致的小牌子、一面鲜艳醒目的旗帜、一份满载荣誉的证书、一条庄重的横幅和一条象征使命的绶带。

## 二、新时代大先生行动

"新时代大先生行动"，以扎根教育一线的广大教师和教育工作者为主要对象。

以学校为主阵地，扎实实施"新时代学校大先生行动"。紧密结合近年来国家出台的中小学教师国家级培养计划、新时代中小学名师名校长培养计划，以及加强新时代高素质专业化教师队伍建设的意见等一系列培育教育家型教师、校园长的政策文件，开展全国教书育人楷模、"时代楷模"、最美教师进课堂系列活动，全力塑造坚守教育初心、勇担育人使命的"学校大先生"。通过课程讲授、专题讲座、经验分享等多种途径，向基础教育阶段的在职教师、校长、园长传播前沿的教育理念，全面提升他们在教学实践、人才培养、课题申报、学校治理等多方面的能力。

以家庭为有益补充，稳步实施"新时代家庭大先生行动"。开展新时代"大先生"进家庭系列活动，精心塑造契合家长多元教育愿景与期待的"家庭大先生"。一方面，向家长提供"家教服务""送教到家"等贴心培训项目，并通过家庭教育指导委员会、家长学校和家长委员会等家校共育联盟，将科学的家庭教育理念与实用的实操策略悉心传授。另一方面，让家长在家校共育中担当"监督员"或"协作伙伴"，通过"家长信箱"向教师建言献策，持续提升教师在指导家庭教育过程中的专业效能，营造家校和谐共进的美好教育生态。

以社会为延展空间，积极实施"新时代社会大先生行动"。开展新时代"大先生"进社会系列活动，用心塑造自觉履行社会责任的"社区大先生"，鼓励教师奔赴中西部等艰苦边远地区，踊跃参与"爱心助学""送教下乡"等公益支教，以及"慈善捐赠""孝善助老"等帮扶活动，助力当地教育质量提升、脱贫攻坚与乡村振兴工作。

### 三、新时代未来大先生行动

"新时代未来大先生行动"，面向师范生及有志投身教育事业的大学生、研究生。其旨在培育一批愿意投身基础教育，积极参与公益服务，潜心学陶研陶师陶的"未来大先生"。

一是以学校为主阵地，有序开展"（在校）学校未来大先生行动"。通过课程、讲座、研讨会等形式，让扎根教育一线的"大先生"引领"未来大先生"茁壮成长，助力他们实现专业提升。

二是以家庭为主渠道，温馨开展"（进入）家庭未来大先生行动"。通过举办家庭教育讲座、组织亲子活动，向家长传授科学的家庭教育理念和实操策略。邀请优秀家长担任兼职导师和评价者，帮助"未来大先生"增强职业认知，拓展专业视野，涵养专业精神，引领他们的人生成长之路。

三是以社会为主路径，大力开展"（走向）社会未来大先生行动"。以大国工匠、能工巧匠为引路人，拓宽学习边界，努力实现教育与生活、学校与社会、教学与实践的深度融合，为"未来大先生"的成长创造更多珍贵机遇。

为了进一步传承与发展陶行知的教育思想，培育一批怀揣理想、本领高强、勇于担当，且熟知陶行知教育理念的新时代小先生；造就一批深入研究、践行陶行知教育思想，自觉秉持"生活·实践"教育理念，热忱投身"生活·实践"教育实验探索的新时代大先生；培养一批立志投身基础教育、积极参与社会公益服务的新时代未来大先生，"生活·实践"教育共同体精心组织发起了2023年和2024年寻找全国"最美新时代小先生""最美新时代大先生""最美新时代未来大先生"公益行动。活动开展以来，赢得了广大学陶师陶学校及"生活·实践"教育实验学校的热烈响应，在全国范围内迅速掀起了争做"最美新时代小先生""最美新时代大先生""最美新时代未来大先生"的澎湃热潮。经过学校广泛动员遴选、个人踊跃申报、网络平台点赞助力、组委会初步筛选把关、专家组审慎考量评定、微信公众号公示监督等一系列严谨的程序，2023年，组委会评选出100名"最美新时代小先生"、100名"最美新时代大先生"和100名"最美新时代未来大先生"。2024年，组委会从25个省市自治区242所学校推荐的几千份申报材料中，评选出100名"最美新时代小先生"、150名"最美新时代大先生"和100名"最美新时代未来大先生"。

2025年的征集活动已经启动，期待更多教师和学生参与。

## 实施现代治理评价

实施现代治理评价，是以"让教育通过生活与实践创造美好人生"信念为引领，健全学校管理评价制度的重要保障。

实验学校肩负着贯彻"让教育通过生活与实践创造美好人生"信念、探索教育新模式的重任。在其管理进程中，有三条重要原则引领着学校的前行方向。

其一为加强科学管理。学校遵循实证、高效、系统的准则，通过科学治理共同体等多元形式，明确治理目标，界定治理主体，完善治理体系。当今时代，数字化技术蓬勃发展，学校应顺势而为，巧妙运用大数据、人工智能等现代信息技术，全力打造"数字学校"，让管理效能得到显著提升。恰似为教育管理装上智能引擎：人工智能驱动的教学分析系统能像敏锐的观察者，实时监测教学全过程，为教师提供个性化教学建议；智能校园管理系统则如同智慧管家，精准优化资源配置，极大地提高管理效率。此外，基于人工智能构建的教育质量评估模型，能全面、客观地评估学校治理成效，为持续改进提供坚实依据，让学校管理更加科学、精准。

其二是实行民主管理。秉持平等公正、多元对话、协同共治的原则，学校通过教职工代表大会、学生自治组织等途径，营造浓郁的民主文化氛围，完善组织机制，围绕学生、教师、校长、家长构建起全面的管理体系，切实落实民主决策、监督评估及保障机制。在此过程中，人工智能技术也发挥着独特作用，智能决策支持系统借助自然语言处理技术，对各类意见进行分类剖析，为民主治理提供有力的数据支撑和分析工具，让决策更具科学性和透明度，充分彰显民主管理的魅力。

其三为开展依法管理。遵循合法性、公开透明性、公平正义原则，学校设立校党委、行政法律顾问制度等。坚决摒弃陈旧的人治观念，牢固树立法治理念，不断完善教育法律法规体系，提升治理能力。政府简政放权，赋予实验学校更多自主权，学校则以课程教学改革为契机，为依法治理注入强大动力。同时，深化法治宣教，让法治观念深入人心。开发智能法律咨询系统，为师生和家长提供便捷的法律咨询服务；建立智能合规监测系统，如同忠诚的卫士，实时监督学校治理过程中的合法性问题，确保依法治校全面落实，让学校管理在法治轨道上稳健前行。

学校还应着力构建一套科学有效的评价体系，这一体系遵循分层分类原则。一方面，针对学生、教师、校长、家长四大主体各自具备的六项关键能力精心构建；另一方面，按照幼儿园、小学、初中、高中、大学、研究生等不同教育阶段进行合理规划。

具体来说，构建学生六力评价指标体系，涵盖幼儿、小学、初中、高中、大学、研究生不同阶段的生活力、实践力、学习力、自主力、合作力、创造力及其二级指标，全面衡量学生在不同成长阶段的综合素养。构建教师六力评价指标体系，形成幼儿园教师、小学教师、初中教师、高中教师、大学教师不同层次的终身学习能力、课程改革能力、应用技术能力、合作共事能力、领导胜任能力、创新发展能力及其二级指标，助力教师专业成长。构建校长六力评价指标体系，包含园长、中小学校长、大学校长不同层次的理念引领能力、规划决策能力、文化塑造能力、教学领导能力、资源整合能力、应用技术能力及其二级指标，推动学校管理水平提升。构建家长六力评价指标体系，涉及幼儿家长、小学生家长、初中生家长、高中生家长、大学生和研究生家长不同层次的善于学习能力、乐于倾听能力、勇于引导能力、有效沟通能力、自我调控能力、应用技术能力及其二级指标，促进家校共育。这一评价体系为"让教育通过生活与实践创造美好人生"信念深化及实践探索提供科学依据，推动素质教育新探索取得显著进展。

第四辑

# 评价体系
## ——范式转型

# 21世纪学生核心素养培育

在全球化教育理念交融的浪潮中，"核心素养"这一概念从世界的舞台走向中国的教育视野。它源于国外，英文表述多样，诸如 Key Competency，其中 competency 还有 competencies、competence、literacy、skills 等不同表达形式。由于语言习惯和背后文化意蕴的差异，在中文里找寻完全契合的对应词汇，引发了诸多讨论，至今尚未尘埃落定。不过，大多数学者认为，将其译为"核心素养"或"21世纪素养"，既能较好地还原原意，综合反映 Competency 的内涵，又贴合中国人的思维习惯和文化传统。

尽管在翻译上逐渐达成共识，但核心素养概念的内涵与外延，在不同国家和地区有着各自独特的表述。为了培育学生的"21世纪核心素养"，我们有必要深入了解全球核心素养的发展脉络与趋势。十多年前，世界著名的未来学家、社会学家 James Canton 在《极端的未来》一书中，对气候变化、长寿医学、未来能源等诸多问题做了预测。如今看来，这些预测不少已成为全球发展的重要议题。我国提出的"中国梦"和"一带一路"等目标与倡议，不仅着眼于经济发展，更期望国民能立足本土，胸怀世界，为中华民族伟大复兴与世界和平发展贡献力量，这与儒家"修身、齐家、治国、平天下"的思想不谋而合。

2016年，中国核心素养研究课题组发表《中国学生发展核心素养》，在学术界和教育界激起层层涟漪。这项研究以科学性、时代性和民族性为基石，以培养"全面发展的人"为核心，高度重视中华优秀传统文化的传承与发展，系统践行社会主义核心价值观，充分体现了新时代对提高人才自主培养能力的新要求。核心素养分为文化基础、自主发展、社会参与三个维度，综合表现为人文底蕴、科学精神、学会学习、健康生活、责任担当、实践创新六大素养，并细化为社会责任、国家认同等十八个基本要点。各素养相互关联，相辅相成，在不同情境中协同发挥作用。

《中国学生发展核心素养》具有鲜明的中国特色与国际视野。与西方国家的核心素养相比，虽未明确突出创造力，但在实践创新素养中有所体现，如审美情趣涉及创意表达的兴趣和意识，技术应用提及能将创意和方案转化为有形物品或对已有物品进行改进与优化。对于美国 21 世纪技能合作组织重视的生活与生涯技能，我国更强调健康生活（包含珍爱生命和学会学习）。此外，我国的核心素养注重人文与科学的平衡发展，包含国际理解，重视多元文化尊重和全球性挑战关注，积极与国际接轨。

总体而言，中国的核心素养是具有本土特色的"21 世纪核心素养"，它扎根于深厚的文化脉络，弘扬科学探究精神，注重学生自主、自觉和自我管理能力的培养，强化社会参与。学生通过实践和创新，成长为自律自强、热爱祖国且具有国际视野的现代公民。

从科学取向教育学的视角来看，各国核心素养框架普遍涵盖加涅学习结果分类中的智慧技能、认知策略（认知能力），人际交往与沟通（合作能力），以及与未来社会发展相关的因素（如创造能力、信息素养、批判性素养）。为适应个人终身发展和社会发展需求，各国核心素养不仅关注个人认知领域的高阶素养，还拓展了认知心理学范畴，将社会文化因素纳入其中，同时着眼于社会与民族的未来，期望通过培养学生的核心素养提升国家综合竞争力。

综合各国各地区的"21 世纪核心素养"框架，我们发现其精髓在于认知能力、合作能力和创造能力。

### 认知能力：点亮生活与实践的智慧灯塔

认知能力和认知水平是学生身心发展的核心素养，如同基石之于高楼，对学生成长至关重要。维护青少年心理健康，科学促进学生认知能力发展，是教育改革与创新的关键探索方向。学生在注意、记忆、问题解决、反应灵活性等方面的良好表现，能显著提升学习和生活质量。然而，过去的教育常忽视对学生认知能力的充分培养。如今，我们应秉持教育公平理念。教师需客观分析学生认知发展现状，着力提升学生的各项认知品质，让每位学生都能凭借良好的认知能力，在生活与实践中从容应对各类问题。

科学认知能力是智力的核心，它是注意能力、记忆能力、表达能力等多种能力的总和，其中观察力、注意力、记忆力、想象力和思维力尤为重要。在教学设计与实施过程中，应紧密结合学生的认知水平，以有价值的真实问题引发学生的认知冲突。比如在探究"摆的快慢与摆线的长短有关吗？"这一问题时，引导学生在动手前规划探究步骤、准备材料、思考方法。借助秒表或摆模型教具实现数字化教学，让学生获取一手证据信息；在设计对比实验时，引导学生思考不同变量下的实验情况，培养想象力和思维力；实验过程中，通过记录数据及绘制图表，实现思维可视化。这样的探究活动，将认知能力的培养融入学生喜闻乐见的实践中，让学生在探索中提升认知能力，为未来生活与实践筑牢根基。

**合作能力：架起生活与实践的沟通桥梁**

新课程改革致力于培养学生的合作能力，《基础教育课程改革纲要（试行）》明确倡导学生主动参与、合作探究，培养多种能力，《中国学生发展核心素养》也包含"社会责任""国际理解"等相关内容。然而在现实教育中，合作能力的培养常流于形式，教师往往仅在课堂教学层面进行简单改变，如将讲授变为小组讨论，将个别提问变为小组汇报，改变课堂布局等，却未真正从提升学生合作意识和能力的角度设计教学活动。

合作能力是学生发展的核心素养之一，教师应深刻理解合作的本质，避免功利化运用。合作不仅是一种教学方式，更是一种生活态度和生活过程。从"让教育通过生活与实践创造美好人生"的视角看，合作还是一种学习内容和重要资源。在生活中，合作体现在各个方面，如团队活动、社区服务等。学生通过参与这些活动，学会与人交往、共享资源、承担责任，提升合作能力，从而更好地适应社会生活，在实践中创造美好人生。

**创造能力：开启生活与实践的创新之门**

创造能力与21世纪社会发展、个人全面发展紧密相连，各类核心素养框架都对创新创造能力提出要求，如信息技术素养、批判性思维等。创造能力并非单一能力，它由系统性思维能力、创新性思维能力和行动与执行能力综合而成。

系统性思维能力属于抽象逻辑思维，要求学生运用系统观点，全面认识和处理问题。客观世界中的事物相互关联，掌握系统思维，能帮助学生更好地理解和解决现实生活中的复杂问题。

创新性思维以开拓性和创造性为核心，正如陶行知所说，"敢探未发明的新理""敢入未开化的边疆"。创新性思维以感知、记忆等能力为基础，具有综合性、探索性和求新性，要求人们多角度思考问题。在生活与实践中，学生具备创新性思维，能突破常规，发现新问题，探索新方法。

行动与执行能力是将思维成果转化为实际行动的能力，包括行动能力和执行能力。行动能力让个体将抽象思维转化为实际成果，执行能力确保行动顺利进行。

在实现中华民族伟大复兴的征程中，创新创造能力是21世纪学生的关键能力，也是青少年自身成长的内在需求。学生通过培养创造能力，在生活与实践中不断创新，为美好人生增添绚丽色彩。

# 六大关键能力培养模型

在教育的广袤天地中,"让教育通过生活与实践创造美好人生"信念大力倡导生活力、实践力、学习力、自主力、合作力、创造力,构建起"21世纪学生六项关键能力培养模型",其核心要义在于精心培育生活力、全力催生学习力、扎实锤炼实践力、悉心呵护自主力、不断增强合作力、用心涵养创造力,旨在重塑科学的评价体系,引领学生走向美好的未来。

**涵养生活力:在生活的土壤中扎根生长**

生活力的培育,需深深扎根于生活的土壤,在生活的滋养下蓬勃生长。我们要回归到学生丰富多彩的生活世界,将生活视为教育的源头活水,以实践作为培育生活力的坚实根基,让教育与生活紧密相连,彼此交融。

生活,是培育生活力的源泉与归宿。现代哲学强调回归生活世界,教育一旦脱离生活,便会失去生机与活力,如同无根之萍。培育生活力,必须以学生的生活为中心,课程设计、教学内容选择以及教学组织形式,都应紧密围绕学生的生活阅历、背景、问题和需求展开。只有深入学生的生活,才能契合他们的经验,激发其兴趣,满足其发展需求。比如,在设计语文课程时,可以选取贴近学生日常生活的文章,引导学生从自身经历出发去理解和感悟,使学生在学习中感受到生活的温度,让教育真正成为有源之水。

实践,是生活力培育的根基。实践与生活相辅相成,紧密相依。"读万卷书,行万里路",教育不仅要传授知识,更要注重学生的生活体验。生活体验源自实践,并在实践中不断内化和发展,是生活能力的基石。

"让教育通过生活与实践创造美好人生"信念重视实践育人，积极组织学生参与社会实践活动，如社区服务、野外考察等。在这些活动中，学生亲身体验生活，锻炼生活技能，提升生活能力。通过参与社区垃圾分类宣传活动，学生不仅了解了环保知识，还学会了如何与他人沟通协作，增强了社会责任感，这些都是生活力的重要体现。

**锤炼实践力：在知行合一中砥砺前行**

实践，是人与世界互动的关键方式，也是培育学生核心素养的重要途径。以实践为导向的学习，能让学生更深刻地理解知识，更真切地感受学习的魅力，从而有效提升实践力。其提升路径主要包括"手脑并用""知行合一""做学教统一"。

"手脑并用"，是陶行知极力倡导的教育理念，也是"让教育通过生活与实践创造美好人生"信念的重要原则。它是解决教育中"三大脱离"问题的良方。陶行知曾以诗言明："人有两个宝，双手与大脑。用脑不用手，快要被打倒。用手不用脑，饭也吃不饱。手脑都会用，才算是开天辟地的大好佬。"在教育过程中，我们应引导学生将脑力劳动与体力劳动相结合，避免手脑分离。在科学实验课上，学生不仅要思考实验原理，更要亲自动手操作实验仪器，记录实验数据，分析实验结果。通过这样的方式，学生既能深化对知识的理解，又能锻炼实践操作能力，形成扎实的实践力。

"知行合一"，是提升实践力的重要方法。"生活·实践"教育强调的实践，是"知行合一""手脑并用"的实践。学习具有情境性、过程性和价值性，学生需要在从外到内的通感体验、从小到大的整体行动、从知到行的"意蕴"生成中，不断提升实践力。正如我国明代思想家王阳明所说："知而不行，只是未知。"赵括纸上谈兵，虽熟读兵书却缺乏实践，最终导致失败。教育应引导学生将知识运用到实际行动中，在实践中检验和深化知识。学习数学知识后，学生可以通过解决生活中的实际数学问题，如计算家庭收支、规划旅行路线等，来提升自己的实践能力，真正做到知行合一。

"做学教统一"，是培养实践力的基本原则。"做学教统一"揭示了教、学、做之间既对立又统一的辩证关系。我们强调在做中学、做中教，使教与学统一于做的过程。在"生活·实践"教育中，学生在参与各种实践活动的过程中，不断积累经验，反思总结，从而内生实践能力。比如在手工制作课程中，教师引导学生动手制作手工艺品，学生在制作过程中学习相关知识和技能，教师则根据学生的制作情况进行指导和教学。这样，教育和学习的过程就成为实践能力培养的过程，学生在体验中不断成长，实现教学相长。

**提升学习力：在志向与思维的引领下茁壮成长**

新时代背景下，学校教育应聚焦于以学会学习为导向的学习力培养。具体而言，要构建多元整合的课程体系，引导学生自主选择、自我发展，同时注重教师对学科学习力的研究，充分发挥教师的主导作用，助力学生学会学习。

高远的志向，是激发学生学习力的强大动力。"让教育通过生活与实践创造美好人生"信念以培养具有中国心、全球观、现代性的时代新人为目标，引导学生树立宏大的视野格局和高远志向，从而激发他们的学习热情和动力。高远的志向能让学生在学习中坚定信念，克服困难，不断提升学习能力。《爱的教育》中恩里科的父亲将学习与人类文明的进步紧密相连，让恩里科认识到学习的重要性，从而激发了他的学习兴趣。"让教育通过生活与实践创造美好人生"信念同样将学生的学习与国家、世界的发展紧密结合，使学生明白学习的价值，进而激发其学习力。

成长型思维，是保持学生学习力的关键因素。"让教育通过生活与实践创造美好人生"信念注重培养学生的成长型思维，帮助学生树立"能力可以发展，智力可以提高"的信念。这种信念能激发学生的学习热情，增强自我效能感，促进学习力的持续提升。社会上对天赋异禀的天才的过度宣扬，容易让普通学生产生挫败感，不利于成长型思维的培养。要强调每个学生都有发展的潜力，鼓励学生不断挑战自我，在生活与实践中提升学习力。

**养成自主力：在自主意识与习惯的培养中走向独立**

学生自主力的培养是一个长期的过程，需要从激发自主意识、培养自主习惯、形成自主感等方面入手，助力学生走向独立。

激发学生的自主意识是培养自主力的首要任务。自主能力是合作探究能力的基础，然而在教学中，教师往往忽视了自主、合作、探究学习之间的辩证关系。培养学生的自主力，首先要让学生认识到自主学习的价值，掌握自主学习的方法。陶行知在武汉大学演讲时，通过公鸡吃米的例子，生动地说明了学生学习应是一个自动自觉的过程。教育应激发学生的内在动力，让学习成为学生自主、自发的行为，实现"不教胜教"的境界。

培养学生的自主习惯是提升自主力的关键。习惯是自主力的重要体现，良好的自主习惯能让学生积极主动地参与学习和实践活动。从生理学角度来看，培养自主习惯就是在改造大脑，形成稳定的神经通路。我们可以采用"微习惯策略"，为学生设定小而可行的目标，如每天阅读一页书、背诵一首诗等。这些小目标不会给学生带来压力，却能让学生在完成任务的过程中逐渐养成自主学习的习惯，激发自主力。

形成学生的自主感是培养自主力的重要环节。"让教育通过生活与实践创造美好人生"信念注重学生的情感发展，通过引导学生自主探索、给予学生更多自主权，让学生体验到自主感，进而产生成就感和价值感。自主感会直接影响学生的学习和生活态度，使他们更积极地主动学习、社交和探索新事物。在班级管理中，教师可以让学生参与班级事务的决策，如制订班级规章制度、组织班级活动等，让学生在实践中感受自主的乐趣，增强自主感。

**增强合作力：在合作文化与合作模式的培育和构建中携手共进**

增强学生的合作力，需要培育合作文化，建立合作模式，让学生在合作中共同成长。

　　培育合作文化，树立共同愿景，是培养合作力的重要基础。"让教育通过生活与实践创造美好人生"信念主张在实践中培育合作文化，营造团结、奋进、合作的校园氛围。学校生活是学生成长的重要场所，学生需要在校园生活中建立良好的社会关系。学校应引导学生以主人翁的精神参与集体生活，鼓励学生倾听、理解、诉说与合作，营造温馨和谐的校园环境。共同愿景是团队合作的动力源泉，要以培养时代新人为愿景，激励师生共同努力。只有树立共同愿景，才能凝聚师生的力量，提升合作力。

　　建立合作模式，共享群智涌现，是提升合作力的有效途径。树立共同愿景后，要开展切实有效的团队合作。在合作过程中，学生通过多元交互、对话共生，共享合作成果，实现1+1>2的效果。袁隆平将自己团队研发的种子分给全国百余位水稻科研人员，共同推动了杂交水稻的发展；爱迪生发明电灯泡，也是众多专业人员协作的成果。这些案例都充分证明了多元自主合作、共享群智涌现有助于提升合作力。

**发展创造力：在突破与构建中开创美好未来**

　　发展学生的创造力，要引导学生面向生活与实践，打破固有思维模式，构建创新学习共同体。

　　打破固有思维模式，是培养创造力的关键。思维模式一旦形成，容易使人陷入固定的思维定式，难以适应生活的变化。创造的本质在于打破原有的思维模式，重大的创新往往源于对固有思维的突破。生活充满不确定性，教育也同样如此。"让教育通过生活与实践创造美好人生"信念旨在帮助学生掌握创造的思想和方法，提升创造力，使他们能够灵活应对当下和未来的挑战。在艺术创作课程中，教师可以引导学生突破传统的创作思路，尝试用不同的材料和表现手法进行创作，培养学生的创新思维。

　　构建创新学习共同体，是培养创造力的重要保障。教育的目标是培养全面发展且具有创造精神的人,创造力的培养需要学生在共同生活和学习中积累实践智慧。学习共同体是由学习者与助学者共同构成的团体,成员们具有共同的愿景和强烈的学习意愿。创新学习共同体基于创新愿景,成员们在共同生活中开展"跨界学习",通过创新文化的浸润、创新准则的拟定、创新环境的创设,共同创造美好的生活。在科技创新社团中,学生们共同探讨科学问题,分享创新想法,在合作中激发创造力,共同成长。

依据"让教育通过生活与实践创造美好人生"信念,"生活·实践"教育致力于培养学生的六项关键能力。通过精心培植生活力、锤炼实践力、提升学习力、养成自主力、增强合作力、发展创造力,为学生的成长奠定坚实的基础,助力学生在生活与实践的舞台上,绽放光彩,创造属于自己的美好人生。

## 教育家精神与教师六项关键能力

2023年9月，习近平总书记提出要大力弘扬教育家精神。"让教育通过生活与实践创造美好人生"信念继承伟大人民教育家陶行知的教师观，主张教师是美好生活的创造者，他们既是学生美好生活的创造者和引领者，又通过自身的创造性实践实现自我的发展和提升。教育源自生活，通过生活，为了生活，所有的教育活动都离不开作为活动主体的教师，因而没有教师就没有学生的生命成长，没有教师就没有学生的美好生活，没有教师教育活动便不复存在。

**何谓教育家**

"教育家"这一称谓承载着无数的期许与敬仰。然而，对于究竟何谓教育家，教育界与民间多年来众说纷纭，观点各异，始终难以达成统一的认知。在此，我仅分享个人对教育家概念的理解，以供大家参考。在我心中，教育家是那些怀揣信念、饱含情怀、品德高尚，且在教育理论与实践领域勇于创新、独具特色、贡献卓越、影响深远的杰出人物。

"信念"，犹如一座明亮的灯塔，为教育家照亮前行的道路，是其不可或缺的精神支撑。信念，并非空洞的口号，而是个体内心深处的精神动力与引领，是认知、情感、意志与行动的完美统一。对于教育家而言，信念体现在报国信念与教育信念的交融之中。报国信念，是他们始终坚守教育报国的崇高信仰，深知自己肩负着推动国家教育事业发展的历史使命与担当。而教育信念，则是他们对教育事业矢志不渝的热爱与追求。在教育家眼中，教育绝非仅仅是一份维持生计的工作，而是值得为之奉献一生的伟大志向，是超越普通职业追求的崇高理想。

"情怀"，是教育家源源不断的动力源泉。教育家们心怀对教育事业、对国家乃至对整个世界的深厚责任感与情感关怀。这份情怀，驱使他们以教育为终身志业，乐教爱生，无私奉献。他们对教育事业的热爱，如同燃烧的火焰，炽热而持久，照亮了无数学生前行的道路，也温暖了整个教育的世界。

"品德"，是教育家的立身之本，如同大树的根基，稳固而坚实。儒家将"立德"置于"三不朽"之首，足以彰显品德的重要性。对于教育家来说，修炼高尚的品德更是重中之重。他们以身作则，成为学生道德的楷模，以自身的言行潜移默化地影响着学生，达到"其身正，不令而行"的教育效果。

"创新"，是教育家的核心特质，是他们区别于普通教育工作者的关键所在。教育家们在教育理论和实践领域勇于突破传统，大胆创新。一方面，他们敢于创新，拥有非凡的创新精神。就像陶行知笔下"第一流的教育家"，"敢探未发明的真理，敢入未开化的边疆"，这种探索未知的勇气和开拓进取的精神，是创新的前提。另一方面，他们善于创新，能够取得实实在在的创新成效。"万世师表"孔子创立儒家学派，我国明代思想家王阳明开创"心学"，古希腊哲学家苏格拉底发明"产婆术"，这些伟大的创举都成为教育史上的璀璨明珠，也充分证明了创新成效是衡量教育家的重要标准。

"特色"，是教育家鲜明的标识，使他们在教育的星空中熠熠生辉。特色是教育家区别于他人的独特之处，是他们理论与实践的独特魅力所在。教育家的特色体现在理论与实践的完美结合上。陶行知提出"生活教育"理论，并创办多所特色学校，如南京晓庄试验乡村师范、上海山海工学团等；陈鹤琴倡导"活教育"理论，创办了南京鼓楼幼稚园。他们的教育理念与实践活动，都展现出独一无二的特色，成为教育史上的经典范例。

"贡献"，是教育家的重要表征，见证了他们为教育事业付出的努力与心血。教育家们怀着无私奉献的精神，积极投身于教育事业，为促进教育发展、满足社会需求做出了有意义的贡献。由于每位教育家的追求、能力和努力程度不同，他们所做出的贡献也各不相同。从教育思想的启迪，到教育理论的构建；从教育行政的管理，到教育活动的组织；从教育事业的推动，到教育改革的实践，教育家们在各个领域都留下了坚实的足迹。就像在"轴心时代"，老子、孔子、苏格拉底（古希腊哲学家）、柏拉图（古希腊哲学家，苏格拉底的学生）、亚里士多德（古希腊哲学的集大成者，柏拉图的学生）、悉达多（佛教的创始人，被尊称为释迦牟尼）等伟大的思想家、教育家，以其卓越的智慧驱散了蒙昧的黑暗，用深邃的思想滋养了人类文明，凭高尚的人格树立了榜样，在不同领域做出了不可磨灭的贡献。

"影响"，构建了教育家的意义世界，这里主要指他们的社会影响。教育家的社会影响不仅是一种结果，更是一个持续动态发展的过程。他们的信念、德行、能力、智慧、业绩和思想等，通过各种途径广泛传播，对他人和社会产生了深远的影响。而这种影响的范围、程度和时间长短，并非取决于教育家个人的意愿，而是取决于他们的思想、理论和成就与经济社会发展趋势的契合度。

上述七个关键词，从精神支撑、动力源泉、立身根本、核心特质、鲜明标识、重要表征和意义世界七个维度，深入诠释了教育家的内涵逻辑。它们相互依存、相辅相成，共同构成了教育家的完整画像。有信念、有情怀、有品德是教育家的内在品质，有创新、有特色、有贡献、有影响则是其外在成就。这既是对教育家内在因素与外在条件的高度概括，也是我们判断一位教育工作者是否堪称教育家的重要标准。

**教育家的精神特质**

2014年9月9日，习近平总书记提出"四有好教师"的标准，要求教师要有理想信念、道德情操、扎实学识、仁爱之心。2016年12月7日，习近平总书记在全国高校思想政治工作会议上强调，"教师不能只做传授书本知识的教书匠，而要成为塑造学生品格、品行、品味的'大先生'"，将"四有"好老师的标准提升到"大先生"的高度。2021年4月19日，习近平总书记在清华大学考察时强调，"教师要成为大先生，做学生为学、为事、为人的示范，引领学生成长为全面发展的人"，将"大先生"的内涵从"三品"扩大到"三为"，积极发挥"大先生"的示范引领作用。2022年4月25日，习近平总书记在中国人民大学考察时强调，教师必须具有"言为士则、行为世范的自觉，不断提高自身道德修养，以模范行为影响和带动学生，做学生为学、为事、为人的大先生，成为被社会尊重的楷模，成为世人效法的榜样"，寄语教师努力做精于"传道授业解惑"的"经师"和"人师"的统一者。"大先生"逐步被视为社会的模范，突出其社会价值导向的功能。

2023年9月9日，习近平总书记致信全国优秀教师代表强调，广大教师要以教育家为榜样，大力弘扬教育家精神。习近平总书记指出，教育家型教师拥有：

心有大我、至诚报国的理想信念；
言为士则、行为世范的道德情操；
启智润心、因材施教的育人智慧；
勤学笃行、求是创新的躬耕态度；
乐教爱生、甘于奉献的仁爱之心；
胸怀天下、以文化人的弘道追求。

心有大我、至诚报国的理想信念，如熠熠生辉的灯塔，照亮立德树人的教育征途，致力于落实教育的根本任务；言为士则、行为世范的道德情操，似璀璨夺目的标尺，衡量着"经师"与"人师"融合的高度，激励着教师成为新时代的"大先生"；启智润心、因材施教的育人智慧，像灵动的画笔，在传承中创新，为每个学生勾勒出人生出彩的绚丽画卷；勤学笃行、求是创新的躬耕态度，若稳健的基石，承载着教书育人的崇高使命，推动教师成为终身学习的践行者；乐教爱生、甘于奉献的仁爱之心，犹如和煦的春风，吹拂着道德与情感的厚土，书写着教师独特的教育人生；胸怀天下、以文化人的弘道追求，仿佛宏大的乐章，奏响以文化人的旋律，弘扬着人类共同价值。

"教育家精神"是教育家在教育研究、追逐教育理想、践行教育理念的漫长旅程中，所展现出的对教育炽热的情感、坚定的价值取向和高尚的职业操守。如同指南针一般，决定着教育家对教育的认知与行动方向，并对教师发展设定了好教师、大先生、教育家等不同层次的目标。我们将这类有别于传统的教师称作"新素质教师"，他们在发展历程中展现出全新的特质。

新素质教师修炼的关键，以及教育家精神的养成，要紧紧围绕"爱""责任"与"创新"三个核心词展开，努力达成"两求""三爱""两大支柱"。"两求"，即秉持求真务实的态度，拥有博大开阔的胸怀；在求学道路上勇于创新，开拓进取，不断前行。"三爱"，就是心怀对祖国的深沉热爱，明确自身肩负的教育使命；以诚挚之心热爱学生，传递真善美的力量；对教育事业满怀热忱，将毕生精力投入其中。"两大支柱"，则是重视教育理论的积累，强化自身教育能力；积极投身实践，在实践中获取宝贵经验。

**21世纪教师六项关键能力**

新素质教师的实践活动贯穿于教学、学习与生活的各个层面。

在教学领域，教师要助力学生成为自信阳光、积极向上的"小先生"，让他们以主人翁的姿态探索知识、传播知识；而教师自身则需肩负起"大先生"的担当，既为学生树立榜样，又为学生提供有力支持。具体而言，其一要精心"磨课"，细致打磨教学预案，在限时说课中反复锤炼，打造精彩纷呈的课堂；其二要关爱生命，关注学生的健康成长，通过课程渗透培育生命文化，借助活动体验让学生感受生命的珍贵，引导学生学会感恩，共享生命的快乐；其三要聚焦学情，这是教育成功的关键，也是学生成才的秘诀，只有精准把握学情，才能因材施教；其四要关注习惯养成，助力学生为人生奠定坚实基础，这既需要父母的言传身教、教师的引领示范，也需要在课堂中潜移默化，关注每一个细节。

　　新素质教师的标准在学习中也有体现。我们认为，21世纪的教师应具备六项关键能力：终身学习能力、课程改革能力、应用技术能力、合作共事能力、领导胜任能力、创新发展能力。这六项能力与学生的21世纪六项关键能力相互呼应，在教学活动中，师生教学相长。只有师生目标一致，教育活动才能发挥最大效能，收获最佳成果。

　　新素质教师的标准同样体现在生活之中。一名优秀的新素质教师，要用心经营家庭，修炼平和心态，调养健康身体。家庭教育理念会深刻影响教师在学校的教育教学行为，良好的家教家风不仅是教师开展教育工作的坚实基础，还能升华民众的家国情怀，增进人们对家国一体的价值认同。古往今来，家庭对于国家发展、民族进步、社会和谐都意义非凡。教师作为社会的楷模，其家庭家教家风建设，有助于传承中华传统家庭美德，弘扬爱国爱家、相亲相爱、向上向善、共建共享的社会主义家庭文明新风尚。好教师不仅要经营好家庭，还要修炼良好心态，因为心境决定境遇，良好的心态能为教育教学和人才培养注入强大动力。此外，健康的体魄是教师开展教育教学工作的前提，新素质教师必须拥有健康的身体，这既是对教师的基本要求，也是对教师的殷切期望。

# 教育家精神引领下的教师观

在"让教育通过生活与实践创造美好人生"信念中,教师是整个教育活动乃至人类生活里最为关键、基础且重要的群体。因此,促进教师发展既是"生活·实践"教育的实施起点,也是重要目标之一,更是推动教育改革的关键所在。陶行知曾提出教师是社会的改造者,深刻指出教育对国家的变革意义,教师在幼年人的成长过程中扮演着引导者的角色,其影响力关乎国家的命运走向。传承并升华陶行知的教师观,将教师视为美好生活的创造者、学生生命成长的领航人,以及与学生共同学习的陪伴者。

**教师:美好生活的创造者**

美好生活究竟是什么模样?不同的时代、不同的个体或许有着截然不同的答案。对于个人来说,美好生活可能是在金碧辉煌的厅堂中享受盛宴的惬意,可能是拥有和睦家庭的温馨幸福,也可能是远眺青山绿水时的悠然自得。然而,当我们将视野拓展到整个民族、国家乃至世界,随着物质生活水平的不断提高,科学技术的飞速发展,美好生活的内涵被赋予了新的时代意义和中国特色,这值得我们深入思考。"让教育通过生活与实践创造美好人生"信念立足现实生活,教师作为培育人才的核心力量,正是美好生活的创造者。他们通过培育人才推动社会生产力的提升,又凭借知识与文化的传播滋养着精神文明的发展。

**教师：学生成长的领航人**

在面向生活与实践的教育体系中，教师不仅是教育内容的研究者、教育艺术的探索者、教育治理的参与者、课程教学的设计者，更是学生潜能的唤醒者、知识建构的促进者以及生命成长的引领者。从某种意义上讲，教师并非全知全能的先知，他们更像是学生的挚友，是学习道路上的伙伴、引导者、组织者与合作者。

为促进学生生命的和谐发展，教师需要掌握诸多智慧。学会等待，以发展的眼光看待学生的成长，从容应对教育过程中的种种挑战；学会宽容，善于对学生说"你能行"，尊重个体差异，珍视多样化与个性化，给予学生无微不至的关怀、充分的信任；学会倾听，积极回应学生，走进他们的内心世界，因为一个用心倾听的教师对学生的影响是深远且持久的；学会合作与选择，以全面的视角看待学生，根据学生的特点选择合适的教育内容、时机和方法，促进学生全面发展；学会创新，以变化的眼光看待教育，不断探索新的教育视角，将教育机智转化为坚定的教育信念，落实在日常的细微教育行为中。

**教师：与学生学习的共同陪伴者**

马克思主义认为人在社会关系中生活，生活具有共同体的属性。"让教育通过生活与实践创造美好人生"信念倡导源于生活、通过生活、为了生活的教育理念，天然地蕴含着构建共同体的愿景。同时主张为学而教，以学为本，一切围绕学生的学习与成长展开，这使得构建师生学习共同体成为必然选择。

## 课程评价质量的提升

体现"让教育通过生活与实践创造美好人生"信念的课程评价,格外重视课程对于人的成长价值,关注课程在促进学生生命成长、助力其追求美好生活方面的作用。同时,它也充分发挥着课程评价的一般功能。正如泰勒所说,课程评价是对学习经验方案的全面检验,以此考察该方案能否帮助教师达成预期的教学成果。评价在教育中具有诊断、评估、导向和激励的重要作用,是落实、发展和提升教育质量的重要途径,因此,需要重视科学地发挥评价的作用。

### 以"立德树人"为课程评价的根本立场

坚守"立德树人"的评价立场,高举这面旗帜,把握育人方向,秉持教育初心,致力于营造优良的教育生态,让每一位学生都能享受到公平且高质量的教育。坚持"立德树人"的课程评价立场,不仅不会限制评价标准的多元性,反而能提升评价的科学性。

任何教育评价的最终目的都是服务于人的发展。坚守"立德树人"立场,体现了教育"成人"的价值取向,这里的"人"是独特、自主且富有创造性的个体。单一的评价标准无法科学地衡量课程价值,而"立德树人"这一价值立场本身就蕴含着评价标准的灵活性。

### 以"多元交互"为课程评价的主体与方法

"生活·实践"教育的课程开发主体具有多元性,其评价主体也相应多元。只有综合运用多种方式,进行多元交互的评价,才能全面、深入地了解课程实施情况。评价主体通常涵盖学生、教师、管理者、课程专家、家长和社区人员等。此外，基于多元交互的评价方法丰富多样，包括诊断性评价、过程性评价、总结性评价、发展性评价、表现性评价等。

课程评价是一个动态且复杂的过程，课程实施会因地域、学校、教师、学生以及教育条件的差异而呈现出复杂多样的特征。单一的评价方法往往难以适应某一课程的具体实施过程。因此，"让教育通过生活与实践创造美好人生"信念鼓励实验校结合实际情况，积极探索多元化的评价方法，避免评价的"一元化"，整合多元评价主体的力量，综合运用多种评价方式，以实现最佳的评价效果。

**以"终身成长"为课程评价的价值导向**

陶行知在《师范生的第二变——变个小孩子》中写了这样一首诗：

你这糊涂的先生！
你的学堂成了害人坑！
你的墨水下有冤魂！
你说瓦特庸，
你说牛顿笨，
你说像个鸡蛋坏了的爱迪生。
若信你的话，
哪儿来火轮？
哪儿来电灯？
哪儿来的微积分？

你这糊涂的先生！
你的教鞭下有瓦特，
你的冷眼里有牛顿，
你的讥笑中有爱迪生。

你别忙着把他们赶跑。

你可要等到：

坐火轮，

点电灯，

学微积分，

才认他们是你当年的小学生？

陶行知劝导人们不要轻信教师的评价，坚持对儿童进行正确的引导。"让教育通过生活与实践创造美好人生"信念以"终身成长"的成长型评价取代固定型评价。学生发展并不是一成不变的，他们在生活与实践中不断获得成长经验。成长型评价视域下，人的才能是可以发展的，人的潜能是未知的，经过人的付出、努力、学习、奋斗、训练之后所取得的成就是未知的。这样的信念会给学生带来极大的学习热情，所谓的"天才"是需要99%的汗水来浇灌的，所谓的"天才"不过是遵循了"一万小时定律"的心理学定律，付出了更多的时间与练习，付出了勤奋与努力。成长型评价能最大限度地激发学生的学习热情，并锤炼其持之以恒的毅力。

第五辑

# 教师"六力"
## ——专业向度

## 终身学习能力

学习力,是个人在漫长人生中持续发展、不断完善自我的必备能力。然而,现阶段我国中小学教师的学习力状况却不容乐观。在当今这个知识更新如闪电般迅速、教育教学改革不断深入的时代,一名教师想要真正扮演好"传道、授业、解惑"的角色,绝非易事,这其中的关键就在于教师自身的学习力。如果教师学习力强,就能紧跟时代步伐,及时更新知识储备,并创造性地将新知识运用到教育教学实践中,从而适应新时期对教师提出的高要求;反之,若教师故步自封,不思进取,在教学过程中年复一年地重复陈旧的内容,照搬老一套教学方法,这无疑会给教育事业的发展带来诸多危害。因此,审视当前我国中小学教师的学习力,其中存在的许多问题值得我们关注和反思。

### 终身学习能力的自我提升

个人的学习力,是一个内涵丰富的概念。它不仅包含知识总量,即个人学习内容的广泛程度以及个人知识体系的开放程度;还涵盖知识质量,即学习者的综合素质、学习效率和学习品质;同时也涉及学习流量,也就是学习的速度以及吸纳和扩充知识的能力;更为重要的是知识增量,即学习成果的创新程度以及学习者将知识转化为实际价值的能力。学习力,本质上是将知识资源转化为知识资本的关键能力。

学习动力主要来源于两个方面:内因和外因。内因是指一个人内心深处对学习、对自我提升的强烈渴望,这是学习动力的核心源泉。而外因,即学习的外部动力,也可理解为外部压力,它是由团体或社会形成的学习氛围所带来的影响,包含了社会发展引发的竞争环境、学校的政策导向、管理制度的约束、工作中的竞争压力等多方面因素,在人们的学习过程中发挥着越来越重要的作用。

有学者经调查研究发现,超过60%的教师在进修更高层次的学历,90%的教师在参与各种形式的学习。然而,随着年龄的增长,教师自我学习的动力会逐渐减弱。年轻人对工作充满热情,他们会不断学习,渴望尽快达到某个目标或实现某个愿望;到了中年,随着工作趋于稳定,教学艺术逐渐成熟,教师自我学习的意识会有所下降,但更高的职业追求仍会促使他们继续学习,此时他们往往会选择对教学有直接帮助的内容进行学习。此外,在影响教师学习的外部因素中,学校的管理制度、政策导向起着至关重要的作用。例如,有的学校推行教师职级化管理,根据教师的学历、工作表现、教科研参与情况以及论文发表情况等进行综合评定,确定教师的职级。这一制度的实施,在教师群体中掀起了一股学习热潮,教师们主动学习教育教学理论,积极参与教科研活动,主动承担科研课题,展现出积极向上的学习态度。

**教师终身学习力的拓展途径**

如何激发教师的学习内驱力,让学习成为教师自觉自愿的行为和内在的迫切需求,使他们以主人翁的姿态对待学习和自身素质的提升,这应当成为引领教师学习的出发点和落脚点。

1. 在行动中感受学习的成效

相较于学校规定的学习内容,教师往往更青睐那些自身需要且能学以致用的知识。曾有一所学校开展"学生习惯培养的课题研究",教师们制订了详细的培养计划,但在实践过程中遇到了诸多问题和困惑。在一次课题研讨会上,有位教师推荐了《教育就是培养习惯》这本书,书中生动的教育案例和深入浅出的教育理论引发了教师们的深入思考和强烈共鸣。尽管学校并未强制要求阅读,教师们却纷纷主动阅读。学校还倡导教师将阅读融入日常生活,鼓励他们把书带回家,积极营造学习型家庭氛围。

由此可见,引领教师学习,首先要了解教师的实际需求。学习内容应从教学实践的需求出发,从教师的个人需求出发,让学习切实能够帮助教师改进教学状况,提升生活质量。因此,在引领教师学习时,要注重将学习与教师的工作、生活紧密结合,使学习成为工作生活的有机组成部分,让工作生活中遇到的问题能在学习中找到解决办法。这样的学习方式能让教师收获更多,也更乐于参与其中。

2.在分享中体验学习的乐趣

贡献与分享,是教师学习过程中的一大乐趣。教师的学习不应是孤立的个人行为,而应是教师之间相互学习、交流和分享的过程。在这个过程中,既有思想智慧的激烈碰撞,又能享受交流分享带来的愉悦。有一所学校创办了《学习文摘》,每周出版一期,专门刊载教师在阅读过程中发现的精彩文章,设置了《管理故事》《好书推介》《课堂点击》等多个栏目。每当读到好文章,教师都迫不及待地想要与同事分享,期待听到他人对文章的评价和思考。为了能让大家读到自己推荐的文章,教师们每天去阅览室读书成为一种习惯,甚至不少教师自掏腰包订阅书刊。每次全体教师会议,第一项议程就是校长和教师们一起学习《学习文摘》中的优秀文章。此外,学校还在校园网上搭建了"网络互动论坛",各教研组每周推荐教学研究文章,大家共同阅读,跟帖,交流学习心得和收获,教师们的学习兴趣十分浓厚。这种相互分享的学习模式,不仅增强了教师提升教学水平的自信和勇气,还进一步促进了教师学习自觉性的养成,有效激发了教师自主学习的内驱力。

3.在活动中展示学习的成果

活动,不仅是督促教师学习的一种有效形式,更是展示教师学习成果和个人发展的广阔舞台。在丰富多彩的活动中,教师能够真切地感受到学习带来的成功体验,这种源自内心的成就感会进一步激发教师不断学习、超越自我的信心和动力。"读书论坛""演讲汇报""学习成果展""读书文化节"等活动形式,深受教师们的喜爱。比如,有的学校每学期期末都会在学校大厅举办大型学习成果展示活动。活动中,教师们自豪地展示自己一年来学习的收获和进步,分享学习带来的乐趣和成功的喜悦。

当学习不再是一项"硬性任务",当"应付检查"不再是学习的主要目的,当学习成为教师工作和生活的内在需求,当学习充满乐趣时,教师的学习就会如同一日三餐般自然、充实。

总之,教师的学习力是教育教学的生产力。拥有并不断提升自己的学习力,是教师增强智慧,提升魅力,提高专业能力,从而适应新课程要求的基础和保障,更是保持教师职业生命活力、让教师职业生命之树常青的根本能力。

## 课程改革能力

教师的课改力,是投身课程改革的热忱与果敢,是推动变革的强劲力量。一位教师能否堪称优秀,很大程度上取决于其课改力的强弱。纵观教育长河,古今中外的卓越教师,无一不在教育教学领域大放异彩。若一味墨守成规,沿用陈旧教学方法,便难以踏上优秀教师的进阶之路。真正的优秀教师,必定勇立课改潮头,成为改革的先锋。

课程改革的路径有二:其一,依据教育部门指定的课改主题前行;其二,凭借自身能力确定课改项目。通常,多数教师倾向于选择教育部门主导的课改内容,因其方向明确,还能获取专业理论指导,实施过程更为稳妥。而自行确定课改项目却颇具难度,要求教师具备深厚的教育教学功底,且伴有一定风险,但一旦成功,成果将更能彰显教师的课改实力。

**教师:课程改革的核心角色**

若缺失教师的积极参与、专业培训,教师对课程知识及规律既缺乏了解,又不主动学习钻研,一项新的课程改革恐难取得成效,收获成功。教师应成为课程改革的中流砥柱,而非前行路上的阻碍。

1. 教师——课程研制的筑梦人

课程研制肩负三大重任:规划课程方案(核心在于课程结构与设置)、制订课程标准(或教学大纲)以及编写教材(主要是教科书)。

在课程方案的课程设置方面,国家为赋予地方和学校更多自主权,明确了国家、地方、学校三级课程体系。学校和教师在地方课程，尤其是学校课程设置上大有可为。开发学校课程，旨在充分挖掘学校和社区的教育资源，激发教师潜能，打造出彰显学校特色、发挥教师优势，且蕴含独特哲学思想与课程理念的课程。

确定课程标准，关键在于筛选和确定课程内容。符合学生身心发展规律、契合学生生活经验、顺应学生学习特点，是选择课程内容的重要原则，违背这些原则的课程内容注定失败。而一线教师对这些原则的贯彻最有体会，他们的见解极具说服力。

编写教材，重点在于课程内容的组织。这在理论上有诸多规律和原则的约束。教材是供教师和学生使用的（实际上主要服务于教师教学），教师依据教材组织教学、达成教学目标。因此，教材的组织方式是否有效，教师最有发言权。教师的教学实践经验能够判断哪些组织形式更利于教与学，更能发挥教材的作用。

课程改革常蕴含新理念、新方法，实施过程也会涌现各种新问题，这些仅靠过往经验和理论难以应对。教师不应被动等待他人的研究成果，而应主动成为研究者。在教学过程中，以研究者的视角审视教学理论与实践中的问题，反思自身行为，探究出现的问题，总结积累的经验，进而形成规律性的认知。"课程行动研究"将教学与研究紧密结合，是教师从"教书匠"转变为"教育家"的关键，是持续进步的基石，是提升教学水平的核心，也是成功实施课程改革的保障。

2. 教师——课程实施的践行者

课程实施作为课程系统的重要组成部分，已得到广泛认可，也是我国新一轮课程改革的一大特色。但需注意，课程实施不能简单等同于教学，二者虽紧密相关（教学可视为课程实施的一个环节），却分属不同领域，在目的、价值取向、研究侧重点、研究视角、研究途径等方面均存在差异。课程实施是将课程变革计划（或新的课程方案）付诸实践的过程，重点关注课程实践与课程方案之间的关系，这种关系看似简单，实则在实现过程中极为复杂。对二者关系的不同理解，衍生出课程实施的不同价值取向，主要有以下三种：

**忠实取向**：课程实施是忠实地执行课程方案的过程，以课程实施对预定课程方案的实现程度来衡量成败。实现程度高，则课程实施成功；反之则失败。在此取向中，教师是课程方案的忠实执行者，如同课程的"消费者"，需严格按照方案要求开展教学，教师的执行情况直接关乎课程改革的成败。

**相互适应取向**：课程实施是课程方案与学校、班级实践环境在课程目标、内容、方法、组织模式等方面相互调整、适应的过程。课程实施后可能出现两种情况：一是课程方案为适应具体实践情境而改变；二是课程实践为契合课程方案要求而调整。在这种取向里，教师要积极主动地对课程方案进行适度调整，成为积极的"消费者"，其理智的改革行动是课程实施成功的关键。

**课程创生取向**：真正的课程是教师与学生共同创造的教育经验，课程实施本质上是师生在具体教育情境中生成新教育经验的过程，既定课程方案仅为经验创生提供选择工具。此时，教师成为课程开发者，与学生一同成为构建积极教育经验的主体。

3.教师——课程评价的把关人

课程评价是课程系统的重要一环，在理论上意义重大，但在我国课程改革和课程系统构建中，其功能尚未充分发挥。课程评价可用于诊断课程问题、完善课程方案、修订教材、监控课程实施、比较课程教材体系、推动课程建设等多个方面。教师作为课程实施者，在课程评价中具有权威性和主导性，其对课程设置、内容、教材编排等方面的意见，对课程建设至关重要。

从教师自身教学工作来看，教师必须直接参与课程评价。一方面，教师作为教学主体，在遵循教学大纲（或课程标准）使用教材、开展教学、考核学生的过程中，离不开各类评价，且这些评价都应从课程角度出发；另一方面，教师在选择课程方案、课程标准、教材时，需要进行比较、探究和评价，充分的评价是教师行使决策权的前提和依据。

**从有效教学迈向优质教学的进阶之路**

优质教学，是高质高效、境界高远的教学境界。优质教学必然是有效教学，但有效教学未必能达到优质教学的水准。有效教学是教学的基本要求，而优质教学才是教育追求的目标，它具备以下显著特征：

1. 深刻：洞察知识的深邃智慧

深刻，是能一针见血、入木三分地把握知识本质。苏联教育家赞科夫曾言："为了顺利地完成自己的任务，一个教师应当掌握深刻的知识。"深刻不仅意味着理解教材，更要看穿、看透，挖掘出教材的精髓。正所谓"深入浅出"，教师对教材钻研得越深，领悟的道理就越透彻，授课时就能化繁为简，精准地讲到关键之处。教师的一句精辟话语，可能让学生铭记终生；一个生动比喻，能让学生瞬间抓住知识要点；一句幽默的批评，能让学生放下心理负担又深受教育。言语不在多，贵在精准恰当；话语不在长，贵在时机适宜；关键语句不需要复杂，能表达意思即可。简洁是智慧的象征，能让教学事半功倍。

2. 独到：独具慧眼的创新光芒

独到，是教师对教材有独特的见解，能在平凡中发现新奇，提出他人未曾想到的观点。这样的课堂就像一首优美的诗篇、一幅灵动的画作、一段动人的旋律或一项伟大的发明，充满创造性。从心理学角度看，独到见解源于创造性思维，其具有首创性和独创性。首创性追求独一无二，拒绝雷同与模仿，正如鲁迅先生欣赏第一个吃螃蟹的人；独创性是思维的宝贵品质，教师的创造性教学正是源于这种独创性思维。

3. 广博：知识海洋的浩瀚胸怀

广博，是教师知识储备广阔而深厚。苏联教育家苏霍姆林斯基在《给教师的建议》中提到，教师所知道的东西，应当比他在课堂上要讲的东西多十倍、二十倍，以便能够应付自如地掌握教材，到了课堂上，能从大量的事实中选出最重要的来讲。教师不仅应是所教学科的专家，还应是博览群书的学者。广泛涉猎古今中外知识，拓宽知识面，深挖知识深度，构建纵横交错的知识体系。如此，教师在课堂上才能旁征博引，妙趣横生，引领学生走进知识的王国，让学生沉醉其中，收获"听君一席话，胜读十年书"的效果。

4. 启发：智慧启迪的心灵之光

启发是有条件的，照本宣科无法实现真正的启发。只有当教师对教材有深刻、独到的理解，对讲授内容烂熟于心时，才能在课堂上自由发挥，做到游刃有余、循循善诱，让课堂充满魅力，这才是真正的启发。

启发的最高境界是以灵性启迪悟性。富有灵气的教师善于设置疑问，引导学生探索未知领域，将学生带入"山穷水尽疑无路"的困境，再通过巧妙引导，让学生豁然开朗，进入"柳暗花明又一村"的境界。

5. 机智：随机应变的教育艺术

教育机智是教师在教学实践中的随机应变能力。俄国教育家乌申斯基说，不论教育者怎样研究教育学理论，如果他缺乏教育机智，他就不可能成为一个优秀的教育实践者。课堂教学复杂多变，即便事先精心设计，也难免遇到意外情况。若教师应对不当，课堂就会陷入僵局。而富有教育机智的教师面对突发问题，总能灵感闪现，巧妙化解矛盾。教育机智的本质是转化师生矛盾的艺术，体现在语言上，就是巧妙地运用直话曲说、急话缓说等技巧，灵活应对各种情况。

6. 绝招：技艺精湛的教学魅力

名师往往拥有令人赞叹的教学绝招，这些绝招让教学更加精彩。教师的绝招是其教学特长中的精华，是对某种教学技艺不断打磨、精益求精的成果。比如，有的教师不用圆规和三角板，就能画出精准的几何图形；有的教师能根据课文内容，在黑板上画出栩栩如生的图画；有的教师板书潇洒秀丽，令人羡慕；有的教师幽默风趣，妙语连珠，让学生捧腹大笑。这些绝招为课堂增添了独特的魅力，展现了教师的高超教学水平。

## 应用技术能力

在时代的洪流中，人类交往的步伐日益加快，权力扩散的趋势愈发显著。在数字教育的浪潮席卷之下，教师的权力格局正悄然发生着深刻变革。往昔，知识的权杖紧握在教师手中，而如今，它正逐渐向网络学伴、网络专家、行业行家等多元力量扩散。在这个数字化的时代，学习者只需要借助计算机、手机，轻点几下屏幕，连接上互联网，便能轻松搜索并获取海量的信息与资料。曾经，传统教育模式下知识、经验与信息的专属权被打破，教师不再是学生获取知识的唯一源泉。数字技术如同一把利剑，斩断了学习的围墙，打破了少数人垄断知识的局面，知识传播的渠道如雨后春笋般不断涌现。单向传输知识的旧时代已渐行渐远，教师的角色也迎来了重大转变。

### 数字化时代，教师角色的内涵拓展

教师角色的定位与数字化时代人才的培养目标紧密相连，尤其是在新人文教育观的影响下，教育正从以技术技能为目标，逐步向以人文价值为导向转变。

在教育领域，教师对各种新型数字技术的运用愈发深入。大数据参与教学决策，人工智能助力虚拟课堂，受到学习者的广泛欢迎，教师对新技术的理解和认知也在不断加深。但关键在于，教师不能仅仅关注技术本身，而应回归教学与育人的本质。新技术不仅是解决教学实际问题的工具，更重要的是，它能让教师从繁重的知识传授中解放出来，有更多的精力去思考教育的真谛,通过传授思想、方法、途径和认知范式,引导学习者构建认知世界的经验方法、思维方式和认知模式。此时,教师更像是思想与学习方法的引路人、引导者和陪伴者。

教师可以凭借先进的教育理念,精心设计和规划教学过程,引领学习者更好地学习。比如,培养创造型和个性化人才,不仅需要知识的积累,更需要协作、分享、创新和创造的能力。在校园里,教师不再仅仅是知识的传播者,更是学习的引导者和陪伴者。即便技术不断迭代发展,教师这个光荣而崇高的职业也不会消失。

在数字化时代,教师的角色定位与教育目标、人才培养目标的变革息息相关。在大数据、人工智能、移动互联网和云计算蓬勃发展的时代背景下,以互联网为依托的新技术推动教育变革全面展开。教师作为教育变革的践行者,是促进新技术与教学深度融合的设计者、执行者、促进者和引导者。教师对新技术的运用水平、自身的知识储备、能力素质以及责任感,成为互联网教育发展与应用的核心要素。教育变革的成败,与教师的作用紧密相连。曾被热议的"乔布斯之问"——为什么计算机改变了几乎所有领域,却唯独对学校教育的影响小得令人吃惊?究其原因,主要是忽视了教师在教育变革中的关键作用。随着教育信息化的推进,教师对新技术的理解、认知和应用能力不断提升,例如利用大数据进行教学决策,借助人工智能开展智慧教学,提供个性化的教学和学习服务等。当教师将技术自觉融入教学时,便是回归教学本质,真正发挥"育人"的功能。

由此可见,在数字化时代,教师的角色至关重要。这一职业不仅不会被时代淘汰,反而在教育体系中占据着更为关键的地位。

**教师:拥抱新技术的终身学习者**

数字化时代,数字技术的迅猛发展与机器人执教的兴起,促使教师必须与时俱进。交互方式的多元化打破了教师对知识的绝对权威,解构了教师的主导地位,教师的教学能力面临前所未有的挑战。那些仅依赖粉笔和黑板，教学方法单一的教师，很可能会被时代淘汰。在这个时代，教育行业需要的是能够运用优质、高效的方法提升学习效率和质量的教师。与传统教学背景下相比，数字化时代教师的专业能力发展呈现出以下转变：

1. 从"专注教学"迈向"关注社会发展"

在数字化时代，3D打印技术让创意化为实物，智能制造和绿色制造方兴未艾，个性化、分散化和协作化的社会形态逐渐形成。科技的飞速发展使得教育目标、教学内容和教学方式不断调整。未来的教师必须敏锐感知社会的发展变化，思考在这个技术迭代加速的时代，社会究竟需要什么样的人才，以及如何培养这些人才。教师应将传授对学生未来发展最有用的知识和技能作为教学的出发点和落脚点，与学生一同在社会变革中成长。

2. 从"单一能力"走向"多元能力"

在数字化时代，应对数字教育变革需要从全球化、社会转型、中国崛起和科技革命等多个维度全面考量。人才培养要体现个人担当、社会担当和时代担当，坚持以人为本，注重个性发展和人格健全，培养具有全球视野、中国情怀和正义感的现代公民，关注全球生态环境和文化多元性。基于这样的人才培养目标，教师的角色更加丰富。教师不仅是知识的传递者和新技术的使用者，还是学生创新精神的培育者、学习伙伴、个性化学习服务提供者，以及关注生态环境的命运共同体成员。这就要求教师从单一能力向多元能力转变。

3. 从"个体作用发挥"转向"群体作用发挥"

在传统教学环境中，教师的教学能力仅在本班级、本学校发挥作用。而在数字化时代，教师的个体作用开始向群体作用转变。一堂优质课程借助互联网教育平台，不仅能让本校师生受益，还能惠及其他班级、学校，甚至全球的学生。此外，互联网教育背景下教师之间的协作交流更加紧密，通过同行间的交流、对话与协作，能够形成集体教学智慧，发挥群体教学作用。

4. 从"直接作用发挥"过渡到"间接作用发挥"

在传统教学中，教师教学能力的发挥是直接且面对面的。但在数字化时代，教学空间从传统教室延伸到社会、社区和互联网虚拟课堂。教师教学能力的发挥既可以是直接的、面对面的，也可以是间接的、在线的和开放的。

5. 从"促进教师专业发展"深化为"促进学生全面发展"

在传统教学环境下，教师专业能力发展主要是为了传授知识和技能。而在数字化时代，教学对象个性差异巨大，每个学生接受知识的方式和对能力培养的需求各不相同。因此，数字化时代教师的专业发展不仅要注重自身教学能力的提升，更要服务于学生个性和能力的全面发展。这不仅是形式上的变化，更是教师教学能力发展价值取向的转变，追求教师教学能力与学生全面发展的双重提升。

数字化时代，教师的专业成长发生了上述深刻转变，这就要求教师成为拥抱数字技术的终身学习者。在这个时代，教育系统发生了一系列变革，教师的工作职能更加复杂且富有创造性。以互联网、人工智能为代表的新技术在教育领域的应用，深刻影响了教学观、教学模式、教学方法和教学手段。传统的教师教学能力，如口语表达、教学设计、科研和课堂教学能力等，已无法满足学校教育对教师的要求，教师教学能力的发展与体系重构迫在眉睫。正如部分学者所言："在当代教育改革实践中，教师的工作职能出现了深刻的变化，这种变化极大地提高了教师劳动的复杂程度和创造性质。没有教师的发展，没有教师专业上的成长，教师的历史使命便无法完成。"教师的工作职能决定了他们必须与时俱进，不断发展和完善自己，努力成为数字化时代的合格教师。这既是历史进步的要求，也是信息时代教育变革的必然趋势。

在数字化时代，教师还需不断更新知识结构，提升自身能力，以适应教育变革的需求。

1. 从教学视角出发，与学生共拥新技术

在数字化时代，大数据、人工智能、云计算等技术深度融入教育教学。教师不仅要掌握教学的技术技能，更要具备整合新技术与教育的能力，熟练运用各类新技术工具，如智能检索工具、可视化展示工具、教学反思与评价工具等，并将这些技术和知识灵活运用到新的教学情境中。数字化时代的学生被称为"数字土著民"，教师应与他们一同拥抱新技术。新技术的应用对教学思想、模式、方法和手段产生了深远影响，实现信息技术与教育的深度融合，是教师必备的能力与素质。

2. 从专业发展视角出发，紧扣能力发展新变化

教师不仅是知识的传授者，更是学习者的引路人、同伴和教育服务提供者。教师需要设计多样化的教学过程，开发数字学习资源，提供个性化的教学支持与服务。借助大数据聚合、分析技术，教师能获取学生学习的大量数据，组织个性化学习体验，帮助学生根据自身兴趣和个性与外部世界建立联系，在校内外学习中发挥辅助和合作作用。以教师为中心的教学模式正逐渐向以教师为主导、学生为主体转变，教学资源与活动围绕学生优化配置。教师与学生相互沟通，分享学习经验，提升教育教学支持与服务水平。

教师应成为终身学习者。数字化时代的教育教学改革要求教师不断更新知识结构，提升信息素养，适应新的教学模式和方法。教师的教学技能需要持续发展与突破，这既包括新技术应用带来的新要求，也涵盖万物互联背景下教师培养模式、策略和方法的重构。教师的工作职能决定了他们必须与时俱进，努力成为数字化时代的合格教师。

# 合作共事能力

古人云："能用众力，则无敌于天下矣；能用众智，则无畏于圣人矣。"团体智慧远超个人智慧，这是不争的事实。对于教师而言，若想实现专业发展，加强合作必不可少。而学校若要达成共同愿景，就需借助深度会谈，充分激发团体智慧。在教师群体中，让每个人都能畅所欲言，在思想的碰撞中，既能领略他人的远见卓识，又能敏锐察觉阻碍团体发展的消极因素，进而凭借教师集体的智慧优势予以化解。

**让教师在组织学习中发展的必要性**

从微观层面看，教师的工作常以"个体劳动者"的形象呈现。比如备课，通常是教师独自完成；上课时，老师也是独自把控课堂节奏，从教材的处理、教学方法的选择，到教学进程的推进，均由教师一人负责。然而，若从宏观视角以及整个学校教育体系来看，情况则大不相同。在现代教育中，没有哪位教师能精通学生发展所需的所有学科知识。如今，学科知识更新换代迅速，增长态势迅猛，即便同一学科的教师，也难以覆盖所有学段的教学内容。随着社会的发展，人们愈发意识到，学校教育以及学生的成长，已无法依靠某一个人的力量完成，必须依靠全体教师的共同努力与团结协作。

由此可见，教师对群体力量的需求日益迫切。在一个有序组织的群体中，教师能够获得更快的发展，这得益于组织学习所具备的独特优势。组织学习构建起了高效的合作机制，其目的并非是要达成完全一致的意见或观点。正如有学者所言："与人们想象的情况相反，有效的合作文化氛围并不是以观点相似为基础，多元化才具有价值，因为可以获得不同的观点，并借助这些观点去认识问题的复杂性。"在这样的氛围里，教师们能接触到更多思考问题的方式。自己或许并不一定能认同他人的观点，他人的建议也未必会被采纳，但他人的智慧却能被自己借鉴。

学校应当充分重视组织学习的这些优势，积极组建多样化的学习型组织，打造学习共同体，确立共同愿景，为教师的成长与发展提供良好的环境。

**加强教师间的合作与交流**

学校该如何组织教师开展深度交流，加强教师之间的合作与互动，整合团体智慧，推动教师专业发展呢？

1. 深化集体备课

集体备课是学校中教师合作最为常见的形式。通过集体备课，教师们能够相互借鉴，取长补短，凝聚团体智慧，从而形成高质量、高水平的教案。为避免集体备课沦为形式主义，学校可对教师提出如下要求：教师应在个人充分备课的基础上参与集体议课，在议课过程中，坦诚地分享自己的观点、困惑与建议，同时认真倾听他人的看法与思路，通过交流探讨，形成更为完善的教学思路；要积极与同事合作，针对集体议课中出现的问题共同研究，精心设计科学合理的教学策略与教学方法；对集体议课后形成的参考教案，要结合自身教学风格以及本班学生的实际情况，进行个性化的修改，使之成为一份贴合实际的优质教案。

2. 强化互动研讨

互动研讨是一种极具合作性的教研方式。通过互动研讨，能够增进教师之间的交往、沟通与合作，实现教学经验的共享，促进教师素质的共同提升。为了更好地开展互动研讨活动，学校可以引导教师广泛参与集体性听课活动，在集体讨论时，鼓励教师毫无保留地分享自己听课的收获、感悟以及遇到的困惑，针对大家共同关注的问题，与其他教师共同探寻解决方案；要求教师在研讨过程中，虚心听取他人的见解，分享他人的经验，仔细分析他人教学中的成功之处与不足之处，以便从中汲取经验教训；鼓励教师积极与专家进行交流、对话，共同剖析教学研究中的重点、焦点问题，虚心接受专家的先进思想与合理建议，借助专家的力量实现专业引领。

3. 推进课题合作

课题合作是一种高层次的教师合作模式，它要求教师们齐心协力、共同攻克难题。这既需要教师具备较强的研究能力，也考验着教师的组织协调能力。为此，教师应积极参与重点科研项目的研究与实验，与同事、专家携手合作，共同攻关，在实践中不断提升自己的合作能力与协调能力；主动承担新课程改革相关研究课题的实验任务，与同事们一道探索新课程改革或课堂教学的科学路径与应对策略；针对新课程改革中出现的实际问题，与同事们共同研究，寻求切实可行的解决方案；此外，还要加强与学生、家长、教育管理者的多边合作，确保教育科研活动能够高效开展。

# 领导胜任能力

领导胜任能力，是一种独特的魅力，也是一种深远的影响力。一篇文章若富有魅力，读者便会沉醉其中，反复品味；一个人若充满魅力，旁人自然乐于与之交往。在校园里，教师的魅力更是意义非凡，若一位教师魅力四射，学生定会满心欢喜地亲近他，虔诚地聆听他的教诲。正如《学记》所言："安其学而亲其师，乐其友而信其道。"

一位充满个人魅力的教师，能在生活与教学中敏锐地捕捉美，积极地创造美，让这份美好为教学增色添彩，从而提升教学效率，助力学生取得优异成绩，还能培养学生高尚的审美情趣与创造美的能力。这样的教师，懂得尊重学生，珍视学生的自信，善于用多元的视角去衡量学生，总能敏锐地发现学生身上的闪光点。他们以宽容之心接纳学生，亲近学生，以坦诚胸怀理解学生。

古往今来，但凡在教育领域取得卓越成就的教育家，无一不是极具魅力的教师。

**教师影响力的具体呈现**

教师的影响力，是在与学生交往的过程中，能够影响和改变学生心理与行为的力量。这种影响力通常可分为权力影响力和非权力影响力。权力影响力包含教师对学生的领导权、评价权和奖惩权，它具有明显的强制性、直接性和暂时性；非权力影响力则是教师对学生施加的一种无形的精神力量，它并不具备让学生必须服从的"法定"效力。非权力影响力虽不像权力影响力那样具有强烈的约束力和强制力，但其影响范围更为广泛、持久且深刻。因此，教师在与学生相处时，应格外注重发挥非权力影响力的作用。

1. 品格影响力

教师的品格涵盖思想、品德、人格、态度、作风、性格以及职业道德等诸多方面。优良的品格是教育成功的关键所在。"德高为师，身正为范"，只有品德高尚的人，才有资格成为教师，学生才会亲近他、信服他所传授的道理。可见，良好的品格对学生有着强大的感召力。

俄国教育家乌申斯基曾说："教师个人对青年人心灵的影响所产生的教育力量，无论什么样的教科书，什么样的思潮，什么样的奖罚制度，都是不可能代替的。"教师在思想上，应树立正确的世界观，拥有远大的理想和积极向上的人生态度；在人格品德方面，要做到无私无畏、言行一致、光明磊落、表里如一；在生活中，保持严谨求实的态度，勇于探索未知；在作风上，讲求民主，尊重他人；在文明习惯上，举止大方得体，庄重而含蓄。这些优秀的品格，会通过各种或显或隐的方式，汇聚成一股强大的精神力量，滋养学生的品格与情感，如春风化雨般潜移默化地影响着学生。这种影响力，远非教师凭借权力就能获得。

2. 知识影响力

教师的知识储备主要包含三个方面：

基础知识：深厚扎实的基础知识是教师教好书的前提条件。教师的基础知识越丰富，在教学中就越能游刃有余，牢牢掌握教育教学的主动权，将知识讲解得透彻入微，达到出神入化的境界，赢得学生的钦佩。反之，若基础知识薄弱，滥竽充数，必然难以获得学生的敬重。

专业知识：作为教师，必须具备专业的教育知识。首先，教育学和心理学知识不可或缺，这有助于教师正确认识和分析教育对象，了解学生的特点，把握他们的心理活动规律，从而使教育教学工作更具科学性、实效性和针对性。其次，要掌握教育教学技巧，熟悉教法学法知识，善于运用教育机智，灵活驾驭课堂，做到应对自如。此外，还需具备一定的语言知识，掌握语言技巧，运用语言艺术，提升语言的表现力。对于学生而言，一位语言精湛、富有哲理和逻辑性、情感真挚且能打动人心的教师，具有极大的征服力和感召力。

其他知识：想要成为深受学生敬佩和爱戴的教师，不仅要有精湛的专业知识，还需具备广泛的百科知识。这样在教学过程中，教师便能旁征博引，带领学生畅游知识的海洋，让学生在知识的滋养中收获喜悦，进而对教师产生由衷的敬佩之情。

3. 能力影响力

教师的能力是在教育教学实践活动中逐渐形成和发展起来的，它直接影响着活动的效率，是确保活动顺利完成的关键心理特征，可分为一般能力和特殊能力。

一般能力：主要指教师在教育活动中必备的基本能力，包括注意力、观察力、记忆力、想象力和思维力等。教师在这些方面的能力越强，对学生的影响力也就越大。教师敏锐的观察力、精确的记忆力，会让学生赞叹；丰富的想象力，能启迪学生的思维，引领他们进入全新的世界；深刻、富有逻辑性、批判性和灵活性的思维，会给学生留下深刻印象，令他们佩服不已。

特殊能力：主要指教师在教育活动中展现出的、能保证活动高效进行的独特能力。这涵盖了驾驭教材和课堂的能力、灵活应变的能力、出色的组织能力以及因材施教的能力等。这些能力的高低与教师的威望密切相关，能力越强，威望越高。

4. 情感影响力

古人云："感人心者，莫先乎情。"认知心理学认为，人的认知活动总是伴随着情感因素，学生的认知过程和情感过程是一个有机的整体，教育教学过程则是师生情感双向交流的过程。因此，教师在教学中必须饱含对学生的热爱之情，这是教育成功的秘诀，也是学生敬仰、热爱教师的关键。教师要尊重、关心学生，对学生怀有亲切感、信任感和期望感，循循善诱，耐心教诲，以情感感染学生，激发他们的情感共鸣。正如苏联教育家苏霍姆林斯基所说："只有当情感的血液在知识这个活动的机体中欢腾地流动的时候，知识才会成为信念，成为学生主观世界的一部分。"相反，若教师对学生冷淡无情，即便知识渊博、能力出众、教学方法巧妙，教学也难以取得成功，在学生心中也不会有地位，更别指望学生的敬佩和喜爱了。

在教学过程中，教师既要善于运用权力影响力，更要充分重视并发挥自身的非权力影响力。只有这样，教师才能赢得学生的尊重，让教育活动取得成功。

**教师影响力的修炼之道**

教师的影响力并非凭空而来，而是需要长期的修炼。具体可以从以下几个方面着手：

1. 教师的习惯

孔子说："少成则若性也，习惯若自然也。"习惯对人生有着至关重要的影响，它甚至能决定成败。全国著名特级教师贾志敏为教师们树立了良好的榜样。

贾老师的语文课，言语示范性强，捕捉能力敏锐，能当场诊断并训练学生，着重培养学生对语言的感知和感悟能力，提升学生的语感。这种强烈的语言意识，令人印象深刻。

有人问贾老师："您是如何练就这一身硬功夫的？"贾老师谦逊地说："作为教师，走进教室我就觉得自己代表着语文。平日里，我看电影、听戏、看话剧，逛马路，与人交流时，都时刻留意学习和运用语言。听到一句精彩的台词，在报纸上看到一个绝妙的词语，我都会立刻掏出本子记下来，然后牢记于心，在日后的教学中巧妙运用。久而久之，我便掌握了语言的奥秘。因为我是小学语文教师，所以我努力走近孩子，了解他们的喜怒哀乐，琢磨他们的兴趣点和接受方式。这样一来，我的语言更容易被学生接受。另外，我是南方人，普通话不太标准，于是我就虚心向配音演员、电台播音员、北京的徒弟以及自己的学生请教，还经常查字典纠正发音。"

正是因为贾老师的勤奋与刻苦，不断锤炼自己的口语，他才得以用形象生动、机敏睿智且充满亲和力的语言，展现出鲜明独特的语言风格和人格魅力。

2. 教师的智慧

德国教育家第斯多惠说："一个差的教师奉送真理，一个好的教师则教人发现真理。"古希腊时期，教师被尊称为"智者"。韩愈也曾说："师者，所以传道授业解惑也。"我国还有"授之以鱼，不如授之以渔"的说法。教师应将自己的教育教学活动视为研究对象，及时记录其中的点滴事件，持续不断地反思教育教学行为，从而积累教育智慧，提升教育水平。

同时，教师在教育教学中要对细节和现象保持高度的敏感性，充分发挥教育智慧。要善于发现教育教学中的亮点，关注随机出现的情境，珍视偶发性因素。如此，教师在教育研究中就能拥有更多的主动权。

3. 教师的艺术

日本教育专家佐藤学说过："通过和事物对话、和他人对话、和自身对话的活动过程，创造一种活动性的、合作性的、反思性的学习。"教学是一门艺术，听课同样如此。

闲话的艺术：老师在课堂上说闲话，旨在消除与学生之间心理沟通的隔阂，缩短学生与文章作者心灵沟通的距离。

激活的艺术：如果说"闲话"是为了缩短距离，那么"激活"则是为了"唤醒"。这里关键要把握两个问题：一是找准解读作品的切入点；二是确保课堂提问有效。

评点的艺术："评点"的关键在于"强化"和"调整"。教师的评点要及时、恰当，针对学生的回答给予准确回应，以此引导学生调整思维。

拓展的艺术："拓展"能让课堂内容更丰富，解读更深入。但要注意把握好"度"，应在深入解读作品文字的基础上进行拓展，避免过于花哨。

定位的艺术：一堂课要有清晰的方向，确定基调，注入灵魂。

语言的艺术：可以说，"语言"是教学的生命。教师的语言风格因性格而异，不能一概而论。要避免词语匮乏，也无须堆砌华丽词藻，学会修饰语言的同时，也要摒弃浮华。

  点化的艺术：语文课应当有深度和内涵，这就需要教师具备"点化"的功夫。一堂课若能给学生留下一句受用终身的话，便是极大的成功。

  铺垫的艺术：教学要有层次，这就要求教师善于"铺垫"，这是教师的一项基本功。就像马三立的相声、汪曾祺的小说，都是"铺垫"的典范。教学不是卖东西，不能急于求成。

  倾听的艺术：教师要善于倾听，同时培养学生的倾听习惯，营造和谐的课堂氛围。课堂教学本质是交流的过程，"倾听"不可或缺。教师要有耐心，"等待"往往比强行灌输效果更好。

  空白的艺术：课堂教学要注意"密度"，密度过大容易导致学生"消化不良"。公开课常见的问题就是密度过大，教学应遵循学生的学习规律，不能只为了展示而填满所有时间。

  书写的艺术：文字多少并非评价板书优劣的唯一标准，一切教学手段都应追求实效。何时写、写什么，都大有学问。一手漂亮的字也是教师教学能力的体现。

## 创新发展能力

苏联教育家苏霍姆林斯基曾言，若想让教师的辛勤耕耘能为其带来内心的愉悦，使每日授课不再成为一种枯燥乏味的任务，那就应当引领每位教师踏上从事研究这条充满幸福的道路。中国语文教育家李镇西也说过，一名教师的成长，离不开持续的实践、大量的阅读、深入的思考以及不懈的写作。

由此可见，中外教育家们达成了这样一个共识：创新发展能力，是教师走向成功与幸福的必经之路。

**教师应研究何种问题**

什么样的研究才契合中小学教师的需求？何种研究才真正属于或适合中小学教师开展？对这些问题的回答，直接关系到中小学教师教育科研的方向，也影响其功能与定位。提出一个优质的教育问题，是有效解决问题的关键所在。在教育领域，一个好的问题应是对学生成长、教师自我提升以及社会发展具有"教育意义"的。中小学教师所研究的问题，通常具备以下特点：

1. 紧密关联教育实践

教师身处教育的第一线，犹如行走在广袤的"教育田野"之中，拥有丰富的第一手资料。他们所研究的课题应深深扎根于学校生活。这种基于校本的问题，使得教师多采用行动研究、叙事研究、调查研究等方法，通过收集一手信息，形成对特定问题的深刻认知，进而培养和提升自身反思与解决问题的能力。

中小学教育科研需要具备明确的问题意识，清楚地知晓借助研究想要解决学校中的哪些难题，以及何种研究活动能够达成这一目标。然而，许多学校的教育科研活动未能聚焦于学校自身问题的解决，原因往往在于所确定的问题并非源自学校实际，并非学校发展中亟待跨越的障碍。这些问题可能来自专家观点、理论著作或其他学校的经验。实际上，若问题与教师的日常工作没有紧密联系，教师便难以产生研究的热情；而缺乏研究热情，就很难持续开展研究活动。因此，中小学应将解决学校实际问题作为所有科研活动的根本出发点与落脚点，以此作为检验教育科研成效的最终标准，从根源上避免缺乏针对性的科研活动，跨越教育科研与学校问题解决之间的鸿沟。

2. 具备深刻教育价值

一个富有意义的教育问题，应秉持明确的教育立场。它常常源于教师在教育实践中的独特"遭遇"，这些经历对教师个人或学生产生了强烈的触动。对这一过程进行梳理与描述，本身就是教育他人或自我提升的过程。

中小学教育科研还有一个关键目的，即通过科研促使教师转变教学理念与行为，总结教学经验，凝聚教育智慧，让教师从繁重机械的工作中解脱出来，成为真正的教育智慧创造者。基于此，学校的教育科研活动应密切关注教师的生活状态与职业发展，围绕教师专业成长展开。评判一所学校教育科研的成效，要看它在多大程度上改善了教师的精神面貌，提升了教师的专业素养，是否借助科研活动推动了教师队伍建设，助力部分教师崭露头角。

3. 紧密关涉社会现状

有价值的教育问题应与学校教育、社会现实或区域文化紧密相连。从社会、教育领域新旧事物之间的"矛盾"或"冲突"入手，更易发现具有研究价值的"真问题"。例如，新课程理念与现有的学校课程管理体制之间存在矛盾，找到两者之间的差异，也就找到了可供研究的问题。

4. 拥有独特研究视角

从问题提出的角度来看，主要有"新问题老视角""新问题新视角""老问题新视角"三种情况。不少学校以"校本教研与教师专业成长研究"为课题，但由于缺乏新视角，又未挖掘出新问题，导致开题报告内容相似，难以找到研究的切入点或突破点，研究难以有效开展。

以改进教育实践为目标的中小学教育科研，需要学校将科研视为自身发展的内在需求，摒弃科研无关紧要、科研是教师"额外负担"的错误观念，改变科研活动仅围绕单一课题进行单周期研究的模式，打破学校教育科研被外部人员垄断的局面。只有将科研与学校发展紧密结合，与学校特色塑造和品牌建设相融合，学校教育科研才能发挥更大的作用，真正实现向科研要质量、要成效、要品牌的目标。

**教师如何让研究收获成果**

近年来，众多一线教师在完成日常教学任务的同时，积极投身课题研究，努力成长为"研究型"教师。然而，部分教师选择的科研课题范围过大，尽管付出诸多努力，却难以取得研究成果。比如，一所乡村小学的教师选择"新课程背景下课堂教学有效性"这样宽泛的课题进行研究。在选题时，教师不应贪大求全，而应从实际出发，选择在主观条件成熟、客观条件具备的情况下能够开展研究的课题。具体而言，选择和研究课题时应注意以下三点：

1. 缩小题域，精准聚焦

曾有一所学校，几位教师确定了"农村寄宿制学校建设与管理研究"的课题。但实际上，这几位教师仅负责学校的几个寄宿班，研究整个寄宿制学校的建设与管理，范围显然过大，该课题更适合校长或教育部门领导研究。若将题目改为"丰富寄宿生在校生活研究"，则更符合这几位教师的实际情况。通常情况下，题域越窄、题目越小，越便于深入剖析问题；题域过宽，容易导致例证模糊、道理阐释不清，研究只能浅尝辄止，缺乏深度，难以形成高质量的研究成果。

2. 追求新颖，另辟蹊径

当下，部分教师开展的课题研究存在"炒冷饭"的现象，如"学校、家庭、社会三结合教育网研究""语文读写结合研究"等课题，早已被众多学校和教师研究并推广。如今再进行此类研究，若没有新的内容，往往意义不大。教师若想让自己的科研课题实用且富有新意，就应做个有心人，培养敏锐的问题意识。其实，大量有价值的课题就隐藏在日常教育教学活动中。教师要善于观察，从自身教学困境、具体教学情境、与同事的交流以及学生课后生活中寻找课题，力求做到人无我有、人有我新、人新我特。例如，在当前免费义务教育背景下，部分初中学生存在不珍惜教育资源、不感恩且厌学的问题，针对这些问题进行研究并探寻对策，就颇具新意。又如，当下学生逆反心理严重，师生关系紧张，一线教师若能围绕这些问题开展研究，很可能取得有价值的成果。

3. 深入研究，精益求精

教育科研课题只有深入钻研、充分探讨，才能对教育教学实践起到切实的指导作用。教师选择的课题首先要具备可行性，适合自己的才是最好的。一线教师研究的课题应与自身主客观条件相匹配，具备实现的可能性。其次要具备可操作性，这要求教师既有丰富的实践经验，又有较高的理论水平。因此，课题组成员需认真学习、深入思考，凭借扎实的理论基础和良好的文字表达能力推动课题研究。最后，教师要保持积极的研究态度。有些教师做课题研究时虎头蛇尾，开题时热情高涨，实施过程中敷衍了事，结题时草草收场，这样的研究难以取得理想效果。教师在课题研究过程中应始终保持热情，投入大量时间和精力，避免走过场、搞形式主义。在研究过程中，要认真收集原始实验材料，如阶段性报告、总结、个案分析、数据等，并充分发挥团队协作精神，群策群力推进课题研究。只有这样，研究成果才会兼具理论价值和应用价值。

**教师研究成果要形成案例推广**

改革开放的浪潮中，中国教育学人在基础教育改革领域勇毅探索，于中国特色社会主义教育理论与实践的征程上，绽放出诸多璀璨之花。像新基础教育改革（"生命·实践教育学"）、新教育实验与理论、主体教育实验与理论、情境教育实验与理论，以及众多特色鲜明的学科教学实验与理论，它们与政府引领、覆盖华夏大地且影响深远的新课程改革携手共进，为中国基础教育改革注入强大动力，产生积极而深远的影响，也为构筑中国特色社会主义教育理论大厦添砖加瓦。

近年来，"生活·实践"教育蓬勃兴起，它传承了20世纪陶行知的生活教育思想，全力投身于21世纪中国式教育现代化的建设之中。这一教育理念自推行以来，迅速在全国范围内铺展开来，目前其教育实验已遍布全国24个省市，涵盖了千余所基础教育学校，成绩斐然。为了更好地将优秀经验予以推广，相关研究成果被精心汇编成《从新素质学校到新素质教育——国家级和省级基础教育教学成果奖获奖案例集》以及《从新素质学校到新素质教育——基础教育教学成果经验案例集》这两部书。它们系统梳理了"生活·实践"教育实验的阶段性成果，为各地实验学校和奋斗在改革一线的教育工作者们提供了极具价值的实验范例。

"生活·实践"教育积极响应习近平总书记关于实践育人的重要指示精神，直击当下教育与生活割裂、学校与社会脱节、教学与实践分离的痛点。它以陶行知的生活教育学说为理论渊源，以马克思主义实践哲学和人的全面而自由发展教育学作为理论基石，同时融入研究实验者自身长期积累的实践经验。其核心聚焦于发展学生的核心素养，是素质教育领域的一次全新探索。该教育理念立足我国国情，从容回应国际基础教育改革的浪潮，倡导以生活为源头活水、实践为重要载体，生活为丰富内容、实践为关键路径，生活为中心要点、实践为主要方式，全力聚焦培养学生核心素养，大力发展素质教育，致力于构建当代中国基础教育的全新生态。经过多年在各地基础教育学校的精心实践与培育，"生活·实践"教育实验收获了累累硕果。在2018至2022年期间的国家级基础教育教学成果奖评审中，众多实验学校大放异彩，斩获了包括两个国家级特等奖、两个国家级一等奖和11个国家级二等奖，以及一批省级特等奖、一等奖和二等奖等诸多荣誉，充分彰显了理论与实践深度融合所产生的巨大价值。这些成果不仅是实验成效的有力见证，更是新时期素质教育改革生动鲜活的真实写照。

编写工作于2024年初正式拉开帷幕，笔者与全国"生活·实践"教育共同体中心秘书处的同仁们，以及各地中心主任共同研讨，确定了"主题聚焦、体例统一、案例鲜活"的编写标准。随后，秘书处发文广泛征集案例，并提供了详细的体例样板。各省"生活·实践"教育共同体分中心收到通知后，高度重视，积极组织实验学校踊跃提交成果案例。经过长达半年的层层筛选、精心修订，这两本案例集终于得以问世。前者系统收录了国家级、省级基础教育教学成果奖获奖案例的完整实施路径，后者则重点呈现了"生活·实践"教育实验培育学校在课程建设、教学改革等领域的突破性探索。两本书相辅相成，完整地展现了各实验学校从理论构建到实践推广的全过程。目前，这两本案例集已由南京出版传媒集团正式出版发行，为各地实验学校提供了宝贵的参考资料，助力它们在今后更好地组织实验，同时也为成果申报提供了切实的指导与便利。

第六辑

# 成长支持
## ——教师发展

# 师生共同体建设

"共同体"的概念是由德国社会学家滕尼斯在1887年出版的《共同体与社会》一书中提出。"Gemeinschaft"在德文里,本意是"共同生活",滕尼斯用它来描绘一种基于自然情感的一致、紧密且排他的社会联系与共同生活方式。在这样的社会联系中,人们关系亲密,守望相助,充满浓浓的人情味,构建起一个拥有共同身份、共同生活和共同目标的温暖集体。这一概念强调着人们内心深处的身份认同,对共同生活的向往,以及价值观念上的深度契合。

回溯历史的漫漫长路,在南宋的文化星空中,朱门以独特的光芒闪耀。朱门,是以南宋理学大家朱熹为首,涵盖众多弟子的一支理学学派。朱熹,这位生于1130年的大儒,在那个时代,以书院为舞台,演绎着教育的传奇篇章。朱门师生的交往,就像一幅丰富多彩的画卷,以书院为主要阵地,围绕教学、生活和学术活动徐徐展开。

在书院的课堂上,朱门师生问难论辩,思维的火花激烈碰撞。学生们善思质疑,向老师提出心中的困惑;朱熹则耐心解答,引导学生深入思考。在这一来一往中,知识得以传递,智慧得以启迪,以教学相长为主要特征的教育共同体悄然形成。这不仅仅是知识的传授,更是思想的交融,老师在教导学生的过程中,也不断从学生的问题中获得新的启发,实现自我提升。

走出课堂,在生活的点滴里,朱门师生相交以礼,融之于情。他们之间的关系,超越了普通的师生界限,宛如亲人一般。学生对老师满怀尊敬，老师对学生关怀备至，形成了尊师爱生的伦理共识，构建起充满温情的情感共同体。生活中的每一个细节，都成为情感交流的纽带，让这份情谊在岁月中愈发醇厚。

而在学术的领域，朱门师生著书讲学，传扬理学。他们志同道合，以追求真理为崇高旨归，在学术的海洋中并肩探索。无论是对经典著作的深入研读，还是对理学思想的创新发展，师生们都齐心协力，在思想的碰撞中不断前行，形成了以志同道合为特质的思想共同体。

朱门师生共同体，集教育、情感和思想为一体，是教育共同体、情感共同体和思想共同体的有机统一。教学相长、尊师爱生、志同道合，这些本质特征，成为朱门师生共同体的灵魂所在。这一独特的共同体，为建构良好的师生关系提供了具有本土特色的历史养分，如一座蕴藏丰富的宝藏，等待着后人去挖掘和汲取。

时光流转，我们将目光投向当今的教育领域，会发现与朱门师生交往相比，当下的师生交往呈现出鲜明的变化。随着信息技术的飞速发展，互联网成为师生交往的重要中介，在线教学如雨后春笋般兴起。它打破了时空的局限，让知识的传播变得更加便捷，无论身处何方，学生都能获取丰富的学习资源，聆听优秀教师的教诲。

然而，硬币总有两面。在线教学虽然带来了诸多便利，却也缩减了师生之间的直接交往。在虚拟的网络世界里，不管是实时的在线互动，还是非实时的学习交流，都无法完全还原现场的人际情感。人的物质存在在网络中缺失，使得师生之间的情感逐渐淡化和疏远。就像在面对面的教学模式中，师生同处一个空间，彼此的眼神交流、肢体语言，都能传递丰富的情感信息，更易产生具有实质意义的师生关系。而网络世界虽然突破了时空的束缚，却在人与人之间拉起了一道无形的屏障，拉大了心灵的距离。

在今日的教学中，师生需要合理使用网络这把双刃剑。网络是获取知识的宝库，是拓宽视野的窗口，但不能让它成为阻隔师生情感交流的鸿沟。师生应增加面对面交流的机会，感受那种在场的人际互动所带来的人文温度。想象一下，就如同朱门弟子可与老师对榻研思，在温馨的氛围中，师生不仅传授知识，更能实现情感的深度交流。一个鼓励的眼神，一次耐心的解答，都能让学生感受到老师的关怀，拉近彼此的距离。

再看生活方面，今日的师生交往在生活领域存在一定程度的缺位，交往的边界越来越明显。我国的教育传统向来主张教育是生活的一部分，"生活即教育"，教师的教学怎能与生活截然分开呢？生活，是情感的肥沃土壤，在这里，人们的喜怒哀乐得以释放，情感得以滋养。生活交往的缺位，在一定程度上造就了师生关系的淡漠。共同生活，并非要求师生生活在一起，形影不离，而是倡导一种"脱域"意义上的重构。这意味着在重要时刻，师生能够共同在场，比如开学典礼、毕业典礼、重大节日等，共同见证成长的重要时刻；在日常生活中，师生之间也能时时关心，一句问候，一次谈心，都能让对方感受到温暖。

教学交往中生成的教育共同体，在师生关系的构建中起着基础性的作用。教学相长不应仅仅局限于知识的传授，更应深入到人格、精神层面的成长。当老师在教学中注重培养学生的品德和思维方式时，学生也会以积极的态度回应老师，促进老师不断提升自己。这种相长还延伸到生活交往中的互帮互助和学术交往中的思想碰撞。在生活里，老师可以引导学生树立正确的生活态度，学生也能为老师带来青春的活力和新的思路；在学术上，师生共同探讨问题，各抒己见，共同推动学术的进步。

人本主义认为，教育的作用在于提供一个安全、自由、充满人情味的心理环境，让学生的固有潜能自动得以实现。师生情感共同体，正是这样一个和谐的情感家园。在这个家园里，师生彼此信任、相互包容，在轻松愉悦的氛围中开展教学和学术活动。这种良好的氛围能够激发师生的潜能和创造性，让老师的教学更具智慧，让学生的学习更有动力。同时，它还能推动师生达成发自内心的相互认同，让师生关系更加紧密。

师生共同体，建构的是一种寻求价值共识的认同关系。在学术的讨论与争鸣之中，师生的知识得以增长，情感得以升华，思想得以交融。在合作著书、集会讲学的过程中，他们分享共同的旨趣，在思想的交流中抵达彼此心灵深处。就像古代的文人墨客，在诗酒唱和中，碰撞出灵感的火花，留下千古佳话。

教师与学生应在全方位的交往中，增进对共同身份、共同生活（在场）、共同目标的认同。在教学交往中，教师精心备课，生动授课，学生积极思考，踊跃提问，在知识的传递与接收中增进师生情感；在生活交往中，师生相互关心，分享生活的点滴，加深彼此的理解与情谊；在学术交往中，师生共同探索未知，发现新知，统一思想，推动学术的发展。只有这样，才能形成融知识、情感和思想交往为一体，教育共同体、情感共同体和思想共同体相统一的师生共同体，让教育真正实现对人的全面塑造，为社会培育出更多德才兼备的优秀人才。

# 新时代大先生行动

党的十八大以来,教育领域的变革与发展成为国家战略布局的重要一环,而教师队伍建设更是重中之重。习近平总书记高瞻远瞩,对教师队伍建设予以深切关怀,提出培养"大先生"这一高远目标,为新时代教育事业点亮了璀璨的灯塔。在这一伟大时代背景下,"新时代大先生行动"应运而生,它以习近平总书记关于"四有"好老师、"大先生"以及大力弘扬教育家精神的一系列重要论述为坚实的行动指南,肩负着弘扬教育家精神、培育如陶行知般杰出"大先生"的神圣使命,致力于探寻契合新时代需求的教师教育崭新路径,为我国教育事业的蓬勃发展注入源源不断的活力。

## "新时代大先生行动"的内涵

在新时代的教育画卷中,"新时代大先生"作为"新时代大先生行动"的核心主体,被赋予了丰富而深刻的内涵。他们是有理想信念、有道德情操、有扎实学识、有仁爱之心的"四有"好老师。同时,他们更是在为学、为事、为人方面皆能成为世人表率的"大先生",以自身的言行诠释着教育的真谛。

"新时代大先生行动"以新时代为宏大背景,鼓励教师和未来教师,即从事一线教育教学和管理工作的老师、校长、园长,以及立志投身教育事业的师范生和其他高校学生,通过引导、指导学生开展自主学习、合作学习、探究学习等多样化的学习方式,助力学生实现全面而自由发展。

这一行动犹如一场春风，吹进教育的每一个角落，激发学生的无限潜能，让他们在知识的海洋中尽情遨游，在成长的道路上绽放光芒。

从性质定位来看，"新时代大先生行动"深深植根于中华优秀传统文化的肥沃土壤，这片土壤孕育了无数教育智慧的瑰宝。它从陶行知的思想和精神中汲取丰富的养分，将传统与现代紧密结合。陶行知一生致力于教育事业，他的"生活即教育""社会即学校""教学做合一"等教育理念，如同一盏盏明灯，为"新时代大先生行动"照亮前行的方向。同时，该行动依据新时代的要求和建设标准，将习近平总书记提出的"大先生"重要论述精准落地，努力为我国建设高质量教师教育体系提供创新的实践模式，成为教育改革浪潮中的一股强大动力。

在目标任务上，"新时代大先生行动"面向幼儿园、中小学、职业院校和高等院校等各级各类学校，如同在广袤的教育森林中寻找珍贵的宝藏。它致力于挖掘、培养并造就一批具有鲜明教育理念和成熟教学模式的新时代"大先生"，这些"大先生"将成为教育领域的中流砥柱，引领基础教育、职业教育、高等教育的改革与发展，推动我国教育事业迈向新的高度。

新时代"大先生"的"大"，体现在多个维度，每一个维度都彰显着他们的卓越与不凡。

一是大的担当，这是教育家精神的政治灵魂。新时代"大先生"怀揣着心有大我、至诚报国的坚定理想信念，他们深知教育是国之大计、党之大计，牢记为党育人、为国育才的初心使命。在教育的舞台上，他们树立起"躬耕教坛、强国有我"的远大志向和抱负，以培养德智体美劳全面发展的社会主义建设者和接班人为己任。无论是在课堂上传授知识，还是在生活中引导学生树立正确的价值观，他们都时刻践行着自己的担当，为国家的未来贡献着自己的力量。

二是大的品性，这是教育家精神的鲜明品格。新时代"大先生"注重陶冶言为士则、行为世范的高尚道德情操，以人民教育家为榜样，秉持以德立身、以德立学、以德施教的原则。他们深知，教育不仅是知识的传授，更是品德的塑造。在学生眼中，他们是道德的楷模，一言一行都潜移默化地影响着学生。

三是大的智慧。这是教育家精神的本质要求。新时代"大先生"涵养启智润心、因材施教的育人智慧。在知识快速更新的时代，他们不断更新教育理念，积极转变育人方式。借助现代技术的力量，他们实现教师精准地教、学生个性地学，让每个学生都能在学习中找到自己的闪光点，皆能出彩。他们就像智慧的引路人，根据每个学生的特点和需求，量身定制教育方案，帮助学生开启知识的大门，挖掘自身的潜力，在学习的道路上稳步前行。

四是大的学问。这是教育家精神的不竭动力。新时代"大先生"秉持勤学笃行、求是创新的躬耕态度，将终身学习理念融入血液。他们坚守三尺讲台，如同坚守自己的阵地，潜心教书育人。站在知识发展的前沿，他们刻苦钻研、严谨笃学，不断充实、拓展、提高自己。他们用自己对学问的执着追求，激励着学生不断探索未知，培养学生的求知欲和创新精神。

五是大的情怀。这是教育家精神的崇高情怀。新时代"大先生"勤修乐教爱生、甘于奉献的仁爱之心，用"爱满天下"的精神书写着教育人生。他们爱祖国，将教育事业与国家的命运紧密相连；他们爱学生，关心每一个学生的成长，用爱去温暖学生的心灵；他们爱教育，为了教育事业默默奉献自己的青春和汗水。他们以赤诚之心、奉献之心"传道授业解惑"，在学生心中播下爱的种子，让学生在爱的滋养下茁壮成长。

六是大的格局。这是教育家精神的宏大格局。新时代"大先生"树立胸怀天下、以文化人的弘道追求。他们站在时代的高度，构建人类命运共同体，弘扬全人类共同价值。他们深知，教育不仅是为了培养个体，更是为了推动社会的进步和人类的发展。他们"为中华民族谋复兴、为人类谋进步、为世界谋大同"，以开阔的视野和宏大的格局，培养学生的全球视野和社会责任感，让学生成为有担当、有作为的世界公民。

### "新时代大先生行动"的特点

"新时代大先生行动"具有诸多鲜明特点,这些特点使其在教育领域独树一帜,成为推动教育发展的重要力量。

一是普遍性与特殊性。这一行动如同一股春风,吹遍基础教育、职业教育、高等教育等各级各类学校,涵盖老师、校长、园长,甚至大学生等众多群体,规模宏大。同时,它充分考虑到城乡、区域、校际、群体教育之间存在的差距,尊重每一个教育主体的独特性,倡导"各美其美",让每一个教育个体都能发挥自身的优势;又强调"美美与共",促进不同教育主体之间的交流与合作,实现共同发展。这种普遍性与特殊性的有机结合,为教育的均衡发展提供了有力保障。

二是教育性与公益性。"新时代大先生行动"通过参与公益项目、提供智力支持或联合发起教育帮扶倡议等方式,将教育与公益紧密结合。在提升教师教育质量的同时,助力教育强国建设。它就像一座桥梁,连接着教育资源丰富的地区和教育薄弱地区,让优质的教育资源能够惠及更多的学生。教师们积极参与公益支教、教育帮扶活动,用自己的知识和爱心,为那些渴望知识的孩子们送去希望,为教育公平贡献自己的力量。

三是继承性与创新性。该行动深深扎根于中华优秀传统文化,传承着千年的教育智慧,同时又紧跟时代步伐,洋溢着改革创新的时代气息。它将传统教育理念与现代教育技术、教育方法相结合,创造出一种全新的教育模式。例如,在教学中融入传统文化元素,让学生在学习现代知识的同时,感受中华传统文化的魅力;利用互联网技术,开展线上教学,打破时空限制,让教育更加便捷高效。这种传统与现代交织融汇的方式,体现了中国智慧,为教育的发展注入了新的活力。

四是理论性与实践性。"新时代大先生行动"的发展历程,既是理论创新的过程,也是实践探索的过程。在理论层面,专家学者们深入研究教育规律、教师成长规律,结合新时代的要求,提出一系列新的教育理念和理论;在实践层面,广大教师和教育工作者将这些理论应用到实际教学中，不断探索、总结经验，再将实践经验反馈到理论研究中，推动理论的进一步完善。这种理论与实践的相互促进，使得"新时代大先生行动"不断发展壮大，成为教育领域的成功范例。

五是连续性与阶段性。"新时代大先生行动"是一项常态化实施的行动，具有明确的整体目标和合理的分段任务。它不是一蹴而就的，而是像一场漫长的马拉松，需要循序渐进、稳步推进。在实施过程中，通过试点推广的方式，将各项工作落实落细。先在部分地区和学校进行试点，总结经验教训，然后逐步推广到更大范围，确保行动的顺利实施。这种连续性与阶段性的结合，使得行动能够有条不紊地进行，取得实实在在的成效。

六是民族性与世界性。"新时代大先生行动"坚持走中国式现代化道路，立足我国国情和教情，充分发挥我国教育的特色和优势。同时，它又面向世界，积极吸收国际先进的教育理念和经验，寻找、发现和培养一批秉持中国立场和全球视野的新时代教师标杆。这些教师不仅能够在国内教育领域发挥引领作用，还能在国际教育舞台上展示中国教育的风采，促进国际教育交流与合作，提升我国教育的国际影响力。

**教师应成为"新时代大先生"**

习近平总书记高度重视教师教育事业建设，在中共中央政治局第五次集体学习时强调，要把加强教师队伍建设作为建设教育强国最重要的基础工作来抓。习近平总书记立足新国情、新教情，重视加强新时代我国教师队伍建设，鼓励并引导教师成为有理想信念、有道德情操、有扎实学识、有仁爱之心的"四有"好老师，做学生为学、为事、为人的"大先生"。

一是要应时代诉求，立高远之志。古人说：有其志必成其事。陶行知之所以能够成为"大先生"，首先就在于他从小立志，拯救中华，"为中国做出一番大事业来"。做新时代"大先生"，首先应结合中国教育发展的实际，结合习近平总书记对广大教师的热切期许，树立远大理想信念，全心全意为人民服务，办人民满意的教育。广大教师应学习陶行知始终与党和人民站在一起，全心全意为人民办教育的精神，用好课堂讲坛，用好学校阵地，用自己的行动引导广大青年学子树立远大志向，到祖国和人民最需要的地方去建功立业，为促进教育均衡、优质发展，建设教育强国贡献力量。

二是要讲道德情操，立高尚之德。陶行知之所以能成为"大先生"，原因很多，但最主要的还在于他具有优秀的道德品质和良好的精神风貌，这是他不断进取、开拓创新的内在动力。广大教师要学习陶行知"捧着一颗心来，不带半根草去"的奉献精神，不断提高道德修养，提升人格品质，坚持立德树人根本使命，坚持社会主义办学方向，以德育为先，并把正确的道德观传授给学生。要引导教师把教书育人和自我修养结合起来，做到以德立身、以德立学、以德施教。

三是要以扎实学识，立传世之言。陶行知汇通古今、学贯中西、述而且作，以扎实渊博的理论素养和无所畏惧的开拓精神，创立了独树一帜的生活教育理论体系。从其留下来的800余万言的皇皇巨著中，我们能够清晰地感受到他为中国教育实践所进行的理性思考。广大教师要学习陶行知开拓创新的精神，不断反思教育实践，将教育实践经验总结上升为教育理论，创造有价值有影响的研究成果。

四是要以仁爱之心，立为民之功。爱是教育的灵魂，没有爱就没有教育。习近平总书记强调，广大教师要严爱相济、润己泽人，以人格魅力呵护学生心灵，以学术造诣开启学生智慧，把自己的温暖和情感倾注到每一个学生身上，让每一个学生都健康成长，让每一个孩子都有人生出彩的机会。广大教师要学习陶行知用爱培育爱、激发爱、传播爱的精神，通过真情、真心、真诚拉近同学生的距离，滋润学生的心田。

**实施"新时代大先生行动"的倡议**

"新时代大先生行动"是一项长期而复杂的系统工程，犹如建造一座宏伟的大厦，需要从全局高度统筹谋划，也需要从细微之处扎实推进。

为了确保行动的顺利实施，取得预期的效果，可从以下五个方面着手：

1. 强化顶层设计，完善体制机制

学习和继承陶行知"大先生"的楷模精神，充分汲取陶行知师范教育思想的精髓，推动中华优秀传统文化的创造性转化、创新性发展，是"新时代大先生行动"的重要使命。这需要政府、学校、家庭、社会等多元主体共同参与，形成强大的合力。探索建立政府主导，家校社协同并进的纵向多层面、横向多维度的联动机制，政府发挥统筹协调作用，学校作为教育的主阵地积极落实各项工作，家庭和社会为教育提供支持和保障。通过这种联动机制，整合各方资源，为高质量教师教育体系建设提供有力支持。

2. 坚持试点先行，扎实稳步推进

"新时代大先生行动"采用试点先行、典型引路的推进策略。国内知名高水平和研究型大学凭借其丰富的教育资源和强大的科研实力，牵头组织发起行动，率先垂范。2022年9月18日，在教育部教师工作司的指导和支持下，华中师范大学陶行知国际研究中心联合南京大学教育研究院·陶行知教师教育学院、南京晓庄学院陶行知研究院共同发布《学习陶行知思想，做新时代"大先生"倡议书》。这一倡议如同一颗石子投入教育的湖面，激起层层涟漪。它呼吁广大教师继承与发展陶行知思想，赓续百年育人薪火，做新时代"大先生"，得到了广泛的响应。

在争取国内其他高校、企事业单位、社会团体和各界人士支持的基础上，面向全国各级各类学校的老师、校长、园长、大学生发起"新时代大先生行动"。通过课程定制、专家匹配、组织培训、成果交流、实践报道等多种方式，为教师提供全方位的成长支持，培养造就一批具有全国示范引领作用的新时代"大先生"。在选定试点范围时，要综合考虑现有工作基础和相关条件，确保试点的可行性和代表性。以获得首批试点资格的学校为示范点和辐射源，发挥其示范引领作用，带动更多学校和区域自觉加入到行动中来。进而遴选若干新时代"大先生"示范校、创新校与示范区，搭建规模和质量双提升的新时代教师成长发展共同体。

### 3. 整合优质资源，注重协同创新

"新时代大先生行动"要认真贯彻落实党的教育政策方针，整合学校、家庭、社会的优质教育资源，构建"家校政社"四位一体的教师培养模式，为新时代教师教育培训质量的提高保驾护航。

在学校层面，协助开展全国教书育人楷模、"时代楷模"、"最美教师"进课堂系列活动。邀请有较强研究能力和高水平的专兼结合专家团队到学校，通过课程讲授、专题讲座、学术论坛等多种形式，与教师和校长进行深入交流。

在家庭层面，协助家长开展教师进家庭系列活动。通过家庭教育指导工作会议、名师名校长工作室带动及精准培训等多种形式，提升教师指导家庭教育的意识和能力，增强教师和家长之间的粘性。研发"家教服务""送教到家""家长信箱"等多种项目，让家长成为教师开展指导服务工作的"监管员"，向教师提供有建设性的合理化意见，促进家校共育。

在社会层面，广泛发动社会力量开展教师进社会系列活动。通过公益支教和支农、志愿服务、社会实践等多种形式，为教师提供爱心助学、送教下乡、文化传承、慈善捐赠等多种服务内容。让教师走进社会，了解社会需求，丰富教学素材，同时也为社会教育事业贡献力量。

此外，通过名师工作室、名师工作坊等形式，推进教师专业发展，发挥名师辐射效应。名师工作室是教师专业发展和研修共同体，在名师的引领下，教师们可以开展同伴互助和自我反思，分享教学经验，共同解决教学中遇到的问题。这种方式可以更好地发挥名师在教育教学和社会示范方面的引领作用，从而有效推进"新时代大先生行动"。

### 4. 细化行动类别，提供精准培训

为了更好地满足不同教师群体的发展需求，"新时代大先生行动"要细化行动类别，将老师、校长、园长、"大先生"的主体对象划分成三种类型，提供更加精准的培训，助力新时代新征程高质量教师队伍建设。

一是践行教书育人使命初心的"学校大先生"。教师在学校中扮演

着多重角色,他们是教育理念的践行者,将先进的教育理念转化为实际的教学行动;是校本课程的开发者,根据学校的特色和学生的需求,开发丰富多彩的校本课程;是学习资源的整合者,将各种教育资源进行优化组合,为学生提供优质的学习材料;是学生学习的陪伴者、成长动力的激发者、情感心理的呵护者,关注学生的学习和生活,帮助学生树立自信,克服困难;是实践活动的组织者、引导者和支持者,组织学生开展各种实践活动,培养学生的实践能力和创新精神。"学校大先生"可以进一步细分成两种。一种是面向学生的学科"大先生",如"语文大先生""思想政治大先生""历史大先生""科学大先生"等,他们在各自的学科领域具有深厚的专业素养,能够深入浅出地传授知识,培养学生的学科兴趣和学科思维。另一种是面向教师的教学能力提升"大先生",如"教学设计大先生""教学能手大先生""课程研发大先生"等,他们专注于教学方法的研究和创新,帮助教师提升教学设计能力、教学实践能力和课程研发能力。

二是满足家长多元化需求的"家庭大先生"。随着社会的发展,家长对家庭教育的需求越来越多元化。教师经考核合格后可加入家庭教育讲师团,指导父母或者其他监护人实施家庭教育,促进儿童全面健康成长。"家庭大先生"可以划分成"道德品质大先生""身体素质大先生""生活技能大先生""文化修养大先生""行为习惯大先生"等。他们针对不同方面的家庭教育需求,为家长提供专业的指导和建议,帮助家长更好地教育孩子。

三是自觉履行社会责任的"社区大先生"。教师不仅要在学校和家庭中发挥作用,还要走向社会大舞台,履行社会责任。通过公益讲学、爱心捐助、对口支援、文明实践、社会劳动、志愿服务等实践活动,"社区大先生"以实际行动彰显浓厚的家国情怀和强烈的社会责任意识。他们可以划分成"义务宣讲大先生""爱心义卖大先生""送教下乡大先生""下乡支农大先生""扶贫助学大先生"等,为社区的教育事业和社会发展贡献自己的力量。

**5. 注重内外联动，扩大宣传效应**

"新时代大先生行动"要采取多种形式，加大模范典型的选树表彰和先进事迹的挖掘宣传力度，营造尊师重教的良好社会氛围。通过表彰会、主题讲座、报告会、专题研讨、学习观摩等活动，展示新时代"大先生"的风采，充分发挥新时代"大先生"的立德示范效应，努力提高教师政治地位、社会地位、职业地位。

# 生成式人工智能时代教师如何发展

在科技飞速发展的浪潮中,生成式人工智能正以前所未有的姿态重塑着社会的各个领域,DeepSeek 作为其中的佼佼者,凭借强大的本地化部署能力和类人性化特征,展现出无限潜力。它在教师发展领域掀起的波澜,预示着一场颠覆性变革的到来。当技术的巨轮滚滚向前,教育的价值和文明的光辉却如星辰般闪耀,指引着我们,在生成式人工智能重构教师发展图景的进程中,必须奏响技术与人文和谐共鸣的乐章。

**坚守教育真谛,以教育家精神引领教师生命自觉**

教育,是一场用生命影响生命的旅程,在生成式人工智能时代,这一本质愈发凸显。教育家精神,宛如一盏明灯,照亮教师在琐碎教育生活中的前行之路,引领他们超越日常视域,拓展精神世界的边界,让教育理想的火种在心中熊熊燃烧。

以教育家精神充盈教师精神世界,意味着教师要用鲜活的碳基生命去驾驭人工智能的硅基生命,以人类智能掌控人工智能。在这个信息爆炸的时代,过度依赖生成式人工智能容易导致"认知卸载",进而引发"精神失能"。就像在知识的海洋中,若过度依赖导航,便会逐渐失去自我辨别方向的能力。教师应如勇敢的舵手,在人工智能的浪潮中,坚定地把握教育的航向,不被技术的洪流所淹没。教育家精神还能提升教师的反思能力,让教师以自觉控制自动。它蕴含着一种内在导向,激励教师反思教育教学实践,向优秀同行看齐,提升育人的自觉性。以教育家精神铸魂强师,能够唤醒教师内心的主动反思意识。他们会像敏锐的观察者,借助人工智能的算法自动化优势，减轻重复性、机械性劳动，同时，更加关注教育教学活动中情感态度价值观的培育。在课堂上，教师不再仅仅是知识的传递者，更是学生心灵的呵护者，引导学生树立正确的价值观，让教育充满温度。

再者，教育家精神塑造教师的自主人格，使教师以人类意识对抗人工智能的伪意识。DeepSeek 等生成式人工智能不仅能学习和处理庞大的知识体系，还因其独特的进化模式而具有"仿人性"，甚至能剖析人类的潜意识。在这样的技术环境下，通过教育家精神铸魂强师行动，塑造教师独立自主的人格特质显得尤为重要。教师要在面对人工智能带来的价值迷茫时，坚守教育的本真。同时，充分利用人工智能的能力，在大模型训练中融入教育家精神的内容、案例和培育方法，让智能技术系统成为传播教育家精神的载体，突破人工智能无序进化带来的意识"迷雾"。

**加强素养培育，以人工智能素养提高教师工作胜任力**

生成式人工智能虽无法取代教师，但熟练运用它的教师，无疑将在教育领域占据优势。在通用人工智能时代，教师如何形成独特的教育智慧，创新教学内容，引导学生树立正确的世界观、人生观、价值观，成为亟待解决的核心问题。而加强智能素养培育，构建教师 AI（人工智能）素养结构，便是打开这一问题大门的钥匙。

"素养"，是运用知识、技能、价值观和态度解决特定情境中问题的能力。布鲁姆教育目标分类学和加涅的学习结果分类理论，从不同角度诠释了"素养"的内涵。结合二者优势，从 AI 知识、AI 应用、AI 意识、AI 伦理四个维度培育教师 AI 素养，是提高教师工作胜任力、适应智能社会的有效途径。

加强 AI 知识学习是第一步。教师要掌握运用 AI 开展教育活动的知识和技能，就如同掌握一门新的教学语言。政府和学校应积极推进教师 AI 素养教育，为教师提供学习的平台和资源。教师自身也要善于利用网络资源，主动学习和应用。比如，清华大学团队开发的 DeepSeek 教程，以及浙江大学 AI 科研团队开设的关于 DeepSeek 基础知识的公开课，都是教师提升 AI 知识的宝贵渠道。

推进 AI 在教育领域的应用，需要开展全方位的培训和实践。这就像让教师在教育的舞台上，熟练运用新的道具，为学生带来更精彩的"演出"。教师要将 AI 融入教学的各个环节，从教学设计到课堂互动，再到课后评价，充分发挥 AI 的优势，提升教学效果。

制定教师 AI 素养标准，推进 AI 宣传教育，有助于教师形成 AI 理解和 AI 意识。这一标准就像一把尺子，衡量教师在 AI 素养方面的成长。通过广泛宣传教育，让教师深刻认识到 AI 在教育中的作用和价值，激发他们学习和应用 AI 的积极性。

强化生成式 AI 治理，特别是教育领域的 AI 应用治理，至关重要。借助教师 AI 素养评价体系等制度规范，帮助教师树立正确的 AI 伦理观。国家互联网信息办公室、工业和信息化部、公安部、国家广播电视总局联合发布的《人工智能生成合成内容标识办法》，为规范人工智能生成合成内容标识提供了制度保障，避免师生因接触不实信息而与现实生活脱节。教师在教育活动中，要时刻关注伦理、安全和道德问题，确保 AI 的应用符合教育的本质和目的。

### 坚持"以学定教、智能为辅"，强化教师主体性

德国教育家、科学教育学的奠基人赫尔巴特曾深刻指出"教育性教学"的重要性，批判"无教育的教学"对学生心灵的侵扰。在智能社会，DeepSeek 更新了教学范式，形成了"人类决策主导 + 机器智能增强"的新型协作模式。在这种模式下，生成式人工智能承担知识传递的"规模效应"，教师则聚焦于学生认知发展的"深度加工"。

然而，人工智能在弥补教师不足的同时，也带来了一些问题。其程序化和机械化的教学过程，在一定程度上削弱了教育的"教育性"，导致教育活动中"教学"的减少。就像流水线上的产品，虽然整齐划一，但缺少了手工制作的温度和灵魂。因此，智能社会的教育教学活动要坚

持"以学定教、智能为辅"的原则，强化教师的主体性，实现人类智能与人工智能的有机融合、优势互补。

教师要坚持以学定教，提升教育教学的自为性。在智能时代，学生的发展面临着新的情况和挑战，教师要像敏锐的探险家，甄别这些变化，主动利用人工智能技术提升教育教学水平。将学科教学与人工智能素养教育相结合，帮助学生规划DeepSeek参数设置和指令方案，培养学生的创造性思维。例如，在科学课上，教师引导学生利用人工智能模拟实验过程，让学生在探索中发现问题、解决问题，培养学生的科学探究能力。

同时，教师要坚持以人工智能为辅助，提升教育教学活动的自主性。在运用DeepSeek类生成式人工智能时，教师要保持"怀疑"精神和批判性思维，避免对人工智能产生主体依赖性。就像驾驶汽车，即使有先进的导航系统，驾驶员也要时刻保持清醒的头脑，掌控方向盘。有语文教师利用DeepSeek大模型布置创造性学习作业，从电影《哪吒之魔童闹海》中哪吒的"仙魔"选择出发，探讨"逆""立"关系，写作自我成长故事，并要求学生使用DeepSeek的深度思考功能。在这个过程中，教师借助人工智能提升了教学效果，彰显了教育教学的自主性。

**构建智能学习共同体，重塑师生交往样态**

教育交往，是师生心灵的相遇与共在，是一场灵魂深处的对话。在生成式人工智能时代，DeepSeek强大的对话理解能力为重塑师生交往样态提供了可能。它采用的强化学习微调策略，使其在对话中能快速响应用户需求，展现出类似教育交往的效果。

利用DeepSeek构建智能学习共同体，让传统师生交往呈现出新的样态，包括"师–机交往""师–生交往""生–机交往"以及三者的融合共生。

推进"师–机交往"，能突破教师的生理局限性。教师的生命是有限的，而人工智能的海量信息处理和知识生成能力，为教师提供了强大的支持。教师可以借助DeepSeek进行教育数据挖掘、学生行为建模，制定合适的教学目标。通过知识图谱技术整合知识，确定教学重难点，合理分配教学时间，就像拥有了一个智慧的教学助手，帮助教师驾驭复杂的教学情境。

变革"师-生交往"，建立基于智能社会的师生交往新模式。教育是情感和精神的活动。在智能社会，更要加强师生之间的情感交流，注重人文情怀。教师要用师爱呵护学生的心灵，以学生创造能力、审美能力、协作能力和知识的情境化、社会化运用能力为重点，打造智慧课堂，开展智能教学，培育学生完整人格。随着生成式人工智能逐渐替代教师传递知识的经师角色，教师应主动承担起思想启蒙、真理传播、唤醒灵魂、塑造生命的"人师"角色。在课堂上，教师不再仅仅是知识的传授者，更是学生成长道路上的引路人，与学生进行心灵的对话，激发学生的内在潜能。

治理"生-机交往"也不可或缺。DeepSeek基于自然语言大模型的底层逻辑，能显著发展学生的"智能"。通过对学生进行数字"画像"，实现个性定制化教学，保障因材施教。结合虚拟现实和增强现实技术创设虚拟情境，让学生身临其境，增加直观体验和感受，更好地认识和理解世界的多样性和复杂性。比如，在历史课上，利用虚拟现实技术让学生穿越时空，感受历史事件的发生，增强学生对历史的理解和记忆。

在生成式人工智能时代，教师发展的道路充满了机遇与挑战。坚守教育真谛，以教育家精神引领生命自觉；加强素养培育，提升工作胜任力；坚持"以学定教、智能为辅"，强化主体性；构建智能学习共同体，重塑师生交往样态，是教师在这场变革中前行的实践路径。让我们在技术与人文的和谐旋律中，书写教师发展的新篇章，为教育事业的蓬勃发展贡献力量，培育出一代又一代具有创新精神和健全人格的栋梁之材。

## 沉浸学习——虚拟现实技术的使用

在数字化浪潮奔涌的时代，虚拟现实（VR）技术脱颖而出，成为备受瞩目的焦点。它如同一位神奇的魔法师，借助计算机与大数据的奇妙力量，构建出一个美轮美奂的三维虚拟世界。在这个虚拟天地里，体验者仿若踏入真实之境，视觉、听觉、触觉等感官被一一唤醒，全方位地沉浸其中。这里的一切都栩栩如生，眼中所见、耳中所闻、肢体所触，甚至是嗅觉与味觉的模拟感受，都如同置身于现实世界一般真切。

虚拟现实在教育领域大展身手，广泛应用于虚拟实验环境、虚拟实训基地和虚拟仿真校园。在虚拟实验环境中，它为学生打造了一个个奇妙的学习天地，比如栩栩如生的人体模型、神秘浩瀚的电脑太空旅行、精细入微的化合物分子结构展示，这些生动逼真的场景，为学生提供了身临其境的学习体验。在虚拟实训基地方面，借助虚拟现实的沉浸性与交互性，学生们化身为不同角色，全身心投入到各类技能训练中，无论是紧张刺激的军事作战、精细复杂的外科手术，还是充满挑战的教学、飞行等领域，都能在虚拟环境中进行高效学习。在虚拟校园方面，基于教学、教务和校园生活构建的三维可视化虚拟校园，为在线教育提供了便捷的移动电子教学场所。

**虚拟世界与现实世界的无缝对接**

虚拟现实，凭借计算机、大数据等技术构建起的虚拟世界，赋予体验者全方位的感官模拟。观察者如同拥有了魔法钥匙，可以自由选择视角，观赏任意范围内的场景与物体，那种身临其境的奇妙感受，仿佛穿越到了另一个真实世界。虚拟现实具备多个独特的特征：

1. 多感知性

虚拟现实打破了传统感知的局限，除了常见的视觉感知，还融入了听觉、触觉、味觉和运动感知。在教学中，这一特性让学习者能够突破课堂与学校的限制，去感知那些在现实中难以触及的世界。他们可以漫步在虚拟的沙漠中，感受风沙的吹拂；也能置身于冰雪世界，体验寒冷的刺激，让学习变得丰富多彩。

2. 沉浸感

这种沉浸感在教学中具有强大的魔力，它能让学习者全身心地融入三维虚拟学习环境。浓厚的学习兴趣被瞬间点燃，学习效率也随之大幅提升。在沉浸式的学习体验中，知识不再是枯燥的文字，而是生动鲜活的场景，深深烙印在学习者的心中。

3. 交互性

体验者与模拟环境之间的互动实时且真实。比如，当学习者身处虚拟太空环境时，能真切地感受到太空的失重状态。这种交互性让学习不再是单向的输入，而是充满趣味的探索与体验。

4. 构想性

虚拟现实的构想性为教学提供了无限可能。它既能再现真实存在的环境，也能创造出想象中的奇妙世界。在教学过程中，这种特性营造出情境化、真实且自然的学习环境，让"现实性"与"虚拟性"这两个看似矛盾的概念，在数字教育系统中完美融合。在数字教育系统里，教学内容、资源、工具等与教师、学习者、学习伙伴以及数字技术紧密结合，充分展现了物理实体环境、用户感知因素和信息技术应用对信息交互方式的重要影响。随着数字化时代信息交互形态的演变，从物体、用户和技术三个维度综合研究信息交互机理，具有全面性、综合性和系统性的特点。

**虚拟现实与沉浸式教学**

与虚拟现实紧密相连的沉浸理论（也称为心流理论），于1975年由匈牙利裔美国心理学家米哈里·契克森米哈赖提出。这一理论指出，当人们面临的挑战与自身技能相平衡时，就会进入沉浸状态。这种状态是主观且暂时的，人们会因此愿意继续进行该活动。虽然沉浸理论并非专门关于虚拟现实，但它与虚拟现实技术有紧密联系，为研究虚拟现实用户体验等方面提供了重要的理论基础。

**利用虚拟沉浸技术，能够为教学带来诸多助力**

1. 知识内容更形象，更好理解

虚拟沉浸技术可以将现实中难以观察的自然现象、事物的变化过程生动地再现出来，为学习者提供丰富形象的学习资源，帮助他们更好地理解抽象概念。在地理课上，丘陵、沙漠和雪山不再只是书本上的名词，学生们可以通过虚拟现实亲身感受每一种地貌的独特魅力。

2. 探究学习更有趣，印象更深刻

虚拟沉浸技术可以对学习者提出的各种假设进行模拟，让他们真实地观察假设所产生的结果。在化学课程中，学习者可以将视角缩小到分子级别，去探索复杂化学反应的奥秘，使探究学习充满趣味，留下深刻印象。

3. 技能训练带来虚拟的沉浸

学习者可以在虚拟学习环境中扮演不同角色，通过沉浸式的实践学习，掌握那些因现实场景限制而难以学会的技能。虚拟现实技术解决了汽车驾驶培训、飞行驾驶、重型机械操作等领域的训练难题。

4. 虚拟现实让学习者足不出户感受头脑风暴

虚拟现实在文化教育领域广受欢迎。在 2016 年里约奥运会期间，美国 NBC 广播公司通过其手机应用程序提供了 85 小时的奥运会虚拟现实直播节目，观众通过手机就能获得身临其境的观赛体验。

此外，虚拟现实技术不仅能助力学习抽象或难以感知的知识，还可用于虚拟建模。建筑系学生无须花费大量时间制作设计模型，借助行动装置、增强现实（AR）或混合现实（MR）眼镜以及相关应用程序，就能精确地呈现 3D 设计，修改设计时也无须重新制作模型，节省了大量时间。在才艺学习方面，虚拟现实眼镜能协助学习者学习乐器、绘画、雕刻、编织等才艺。对于初学者，搭配增强现实眼镜及相关应用程序，不仅能显示乐器指法和乐谱，还能指导练习、纠正错误，让学习变得轻松有趣。

# 大数据支持下的个性化实践路径追踪

**基于大数据的学习：编织个性化的智慧锦网**

在教联网时代，大数据能够为学习者精心打造个性化学习方案。物联网的信息传感设备如同敏锐的感知触角，悄然感知着学习者的每一个学习瞬间。它能精准捕捉学习者的学习位置，无论是静谧的图书馆角落，还是充满活力的校园操场；能洞悉学习者所处的学习环境，无论是温馨的家中书房，还是热闹的教室；能知晓学习者正在钻研的学习内容，以及他们投入的学习活动，甚至是学习者与周围环境、他人互动的微妙细节。这些丰富的信息，经过大数据这位智慧"管家"的深度分析处理，如同拼图般拼凑出对学习者行为和需求的深刻理解。

在教联网搭建的奇妙空间里，各类传感器如同隐藏在暗处的精灵，默默地感知分析着学习者的位置环境。它们能精确识别学习者所处的具体地点，以及其周围的物体，就像为学习者绘制了一幅专属的学习场景地图。通过学习者登录时的身份信息认证，如同打开了一扇了解他们的大门，从中可以知晓他们的各种信息、独特的操作习惯以及个人喜好。学习跟踪仪和可穿戴设备则像忠实的伙伴，记录着学习者的学习行为，比如拍照记录灵感瞬间、预先制订的学习计划、学习的起止时间、探索的学习路径或课程序列，还有学习者与设备、他人的交互情况、学习绩效和个性化需求等珍贵信息。

教联网将这些信息像传递珍贵信件一样，传输给服务器。而服务器终端则像一位贴心的导师，为学习者提供合适、智能且个性化的学习支持。大数据还为学习者的智慧学习保驾护航。教联网时代的教学最大的特征便是为学习者提供支持和服务。在教学的舞台上，教师不再是传统的知识灌输者，而是转变为引导学生探索知识海洋的引路人，指导学生如何获取信息，帮助他们解决学习过程中遇到的难题。

在现实的教育天地里，大数据分析如同神奇的画笔，助力教师设计出精彩纷呈的学习活动。教师作为学习活动的设计者，借助大数据的力量，如同拥有了一双智慧的眼睛，能够判断学生的行为模式和学习效果是否契合最初的教学设计。通过学习分析和行为数据，教师能清晰地看到学生的学习效果是否达到预期计划。教师还能运用新的技术手段，像测量宝藏一样测量学生的认知特点和学习特征，评估他们的优势潜能和最佳学习方式。基于这些了解，教师精心设计个性化的学习推送方案，探索不同技术条件下的差异化教学策略，真正做到因材施教、因能施教，促进信息技术与教育教学的深度融合，让每一位学习者都能在知识的花园里采撷到属于自己的芬芳。

教联网的出现，如同一场教育的变革风暴，实现了人类历史上前所未有的巨大社会整合。它将全世界的智慧和知识汇聚在一个广阔的平台上，其开放、共享、连接、交互、免费、智能、个性服务等特性，大大缩短了人类获取知识的成本。教联网不仅为个性化教育提供了有效的解决方案，还像一位不知疲倦的助手，代替教育者完成了大量繁杂的工作，为全面实行个性化教育奠定了空前的技术基础。

**流动的课程与个性化定制课程**

在教联网时代，学习已成为人们生存的必备技能，如影随形地伴随人的一生。学习者如同自由的飞鸟，根据自己的发展需要和所处环境，按照内心的学习需求精心安排学习内容。在新技术的有力支撑下，未来的教育将绽放出更加绚烂的个性化之花。未来的书本和课程，将充满流动性。

书页不再是固定不变的，它成为一种灵活的单位，如同变形金刚般可以适应各种阅读设备和阅读风格。从智能手机那小巧的屏幕，到一整面墙那么大的展示空间，内容都能完美适配，就像为每一个阅读场景量身定制的礼服。版本也充满了个性。对于新手，电子书中的版本会细心地解释生词；对于有一定了解的学习者，它会重点解疑释惑；而对于专家，它则聚焦于研究的最新动态。个性化的"我的图书"真正实现了为每一个人量身打造，满足不同层次的阅读需求。

分享变得轻松自如，如同微风拂过，电子书在云端保存的成本极低，在没有限制的"云端图书馆"里保存一本书就像呼吸一样自然。而且，这本书能在瞬间跨越千山万水，发往地球上的任何地方，无论何时发送，无论接收对象是谁。更新如同生命的成长，电子书的内容可以随时更新、逐步改进。在可穿戴设备的帮助下，它更像一个有生命的个体，随着事物的发展而不断进化，这种生机勃勃的流动性激发着人们成为创造者和读者。

课程也融入了生活的洪流，变得社区化、生活化，无处不在。在万物互联的时代背景下，关于生活世界的信息如同一幅幅精美的画卷，形象、直观地展现在学生面前，让他们仿佛身临其境。人工智能、可穿戴技术和物联网等新技术的不断发展，如同神奇的魔法，进一步强化了这种感受，缩小了时空的距离，将世界各地紧密相连，形成一个有机的整体。这些技术支持真实的情境创设，创造出全新的虚拟空间，为学生呈现出图文并茂、丰富多彩的虚拟世界和交互式人机界面。学习者可以不受时空限制地共享资源，自由地进行联结，增强学习体验，实现情境学习，促进知识迁移。

教联网时代，正是因为未来的课程具有这些"流动性"特征，为课程的个性化定制提供了广阔的空间。课程是知识交流的桥梁，对于相同学科、相同技能，达到学习目标的路径不止一条。实现既定学习目标的基本课程要素是相同的，但课程结构方式和表现形式却可以多种多样。课程体系不再是固定统一的几门课程，也不是一本教科书的内容，不需要遵循同样的顺序和步调，而是拥有数千种不同的组合方式，这为课程建构提供了无限的创造可能，流动的个性化课程成为未来教育的常态。

以电子商务课程为例，它融合了计算机、商务、设计、广告等多个领域的知识点。假设由245个知识点构成电子商务的知识体系，学生学完这些知识点后，教师进行检验评价。在未来，课程界限将被打破，需要整合文传学院的广告知识点、计科学院的计算机编程和网页设计知识点、工商学院的市场营销知识点等，形成知识板块。

对学习者来说，个性化定制的课程就像个性化的音乐播放列表。学习者可以像挑选最爱的音乐一样，截取、混合自己需要的课程内容，创建个人专属的"课程播放列表"，实现一人一张课表的教学模式。他们可以在数以百万计的不同课程中搜寻，跳过已掌握或不喜欢的内容，重复学习尚未掌握的部分。教育大数据分析能精准地反映学习者的知识结构、能力结构、个性倾向和思维特征，让个性化课程的实施成为现实。课程建设将出现更为精细的社会分工，以团队形式建设和运行一门课程将成为趋势，不同教师将分别承担知识规划、教学设计、技术开发、在线辅导、学习服务等不同角色。教师利用大数据分析挑选最适合的个性化教材，即使同一组学生使用相同教材，也会进行个性化处理。未来的课程将越来越智能化、具有选择性，适应学生个性特征将是课程发展的重要方向。

第七辑

人是文化之魂
——精神之源

## "爱满天下"陶行知

**为一大事来**

陶行知是我国近代人民教育家。他有一句名言："人生天地间，各自有禀赋。为一大事来，做一大事去。"他非常重视国民教育，认为"教育是共和国的保障"，因此，他把毕生精力都投入到"教育"这一大事中来。

1923年，陶行知参与发起组织中华平民教育促进总会。他编写了《平民千字课》，奔波于全国十几个省市，致力于平民教育。他把《平民千字课》作为教材，送到平民百姓家里，劝家家户户都要识字读书。他活动的经费多数都是自己写书得的稿费。

一次，陶行知得到了1万多元稿费，拿回家锁在柜子里。承担着所有家务的妹妹看见了，问他："家里有老有小，钱也不多，能不能留四分之一给家里用？"陶行知想了想，温和地说："我要去南京劳山脚下办晓庄师范，这钱要作为办学的经费。我们家虽穷，粗茶淡饭还能维持。中国34000万农民非但没有饭吃，更没有文化。用这钱去办学校，是为农民烧心香，是尽我们的绵薄之力去帮助他们。你在家里省着点用，算是帮我去办大事吧！"妹妹理解了他，默默地点了点头。

1927年，陶行知办起了晓庄试验乡村师范学校，开展乡村教育活动。1930年4月，国民党反动政府武力封闭了这所学校，还通缉陶行知。

1932年，陶行知在上海先后创办了山海工学团、晨更工学团、劳工幼儿园，继续推行中华普及教育运动。

1939年7月，中国处于抗日战争时期。陶行知在重庆附近的合川县为难童创办育才学校，在普修课外，为一些有特殊才能的儿童开设音乐、戏剧、绘画、文学、社会、自然、舞蹈等课，培育人才。这个学校办得有声有色，为国家培养了不少专门人才。当时政治形势紧张，经济非常困难，为了把学校办下去，陶行知经常要为募集资金四处奔波，自己的生活也非常艰苦。盛夏的一天，学生高缨听说书店到了一些好书，想去看看，可是自己不认识路，就想请陶行知陪他一起去。他来到先生窗前，那情景使他吃了一惊：先生打着赤膊，脸上、身上流淌着汗水，正在伏案疾书。高缨不好意思地把自己的来意告诉先生，没想到陶行知很快地回答："现在不成。"高缨失望了，他很奇怪，先生平时最喜欢和学生在一起，也最愿意帮助人，不知道今天是怎么了。陶行知好像看出了他的疑惑，手指着晾在窗外的衬衫说："我很高兴陪你去书店，可是我的衬衫还没有干。过一个小时你再来，好吗？"高缨望着那还在滴水的白衬衫，心想：是先生在找借口吗？他随口说了一句："那就算了吧！"不高兴地回去了。

　　过了一个小时，陶行知穿着还没干透的白衬衫，笑嚷着来找高缨。高缨还躺在床上生闷气呢，见了先生，忙起身和他一同上街。后来，高缨还是想不通，就去问副校长马侣贤。马先生说："大家都知道陶行知是个名人，可是有谁知道、他为了你们这些孩子，几乎到了山穷水尽的地步。为了坚持办学，他把自己的大衣和呢裤子都送到当铺去了，换来的几文钱解决了一天的菜金。夏天，他只有一件像样的衬衫，这也不稀奇呀！"高缨听着马先生的话，眼圈红了，他的耳边又响起了陶先生上课时讲过的话："为了劳苦大众，我们吃草也干；为了受苦小孩，我们要饭也干！"他的眼前浮现出了陶先生和同学们一起喝稀饭，鼓励大家"勒紧裤带共渡难关"的情景，他仿佛明白了：为了办学，先生舍得一切。

**拜人民为老师**

　　早在办晓庄试验乡村师范学校的时候，陶行知就提出了"生活即教育""社会即学校'和"教学做合一"等教育思想,教导师生们与劳动人民相结合,"教人民进步者,拜人民为老师"。

　　一位朋友的夫人来看陶行知,说起她的孩子把一块新买的金表拆坏了,她非常生气,狠狠地揍了孩子一顿。陶行知听了,连连摇头说:"哎呀,你打掉了个'爱迪生'。"接着,他讲了美国发明家爱迪生小时候喜欢做实验,被学校开除以后,在他母亲的引导下,逐渐成为发明家的故事。他又亲自到朋友家里,把那个小孩请出来,带他到修表店去看师傅修表。他们站在修表师傅身边,看着师傅把表拆开,把零件一个个浸在药水里,又一个个装起来,再给机器加上油,用了一个多小时,花了一元六角钱修理费。陶行知深有感触地说:"钟表店是学校,修表师傅是老师,一元六角钱是学费,在钟表店看一个多小时是上课,自己拆了装,装了拆是实践。做父母的与其让孩子挨打,还不如付出一点学费,花一点工夫,培养孩子好问、好动的兴趣。这样,'爱迪生'才不会被打跑、赶走。"

　　山海工学团刚成立的时候,农民的孩子有了读书的地方,烧香拜佛的红庙成了教室,可是没有孩子们用的桌椅。上课的时候,同学们带来自己的凳子,有大有小,高低不一。学校请来了木匠师傅,他闷头做凳子,一天能做好几个。这天,陶行知看见木匠师傅满身是汗,就递给他一杯水,说:"我们不是请你来做凳子的。"木匠疑惑地望着陶行知:"那叫我来做什么?"

　　"我们是请你来做'先生'的。"

　　"我可不识字。"木匠慌了。

　　陶行知笑着说:"我是请你来指导学生做木工的。你如果教会一个人,就可得一份工钱。如果一个也没教会,那么就算你把凳子全做好了,还是得不到工钱。"木匠显出为难的样子。陶行知亲切地说:"不要紧,你不识字我们教你。我们不会做木工,拜你为先生,我第一个向你学。"说着,陶行知拿起一把锯,对准木板上画好的线就吭哧吭哧地锯起来。

　　第二天,广场上摆着木工工具,老师带着孩子们来学做凳子。有个小朋友嘟囔着:"我们是来读书的,不是来做木匠的。"一个家长看见孩子拿起工具，不小心就很容易弄破手，也皱起眉直摇头。这时，陶行知笑着说："我有一首诗读给大家听听：'人生两个宝，双手与大脑。用脑不用手，快要被打倒。用手不用脑，饭也吃不饱。手脑都会用，才算是开天辟地的大好佬。'你们看写得如何？"小朋友都拍手说好，那个家长也不好意思地笑了。

　　从此，每天孩子们都学做凳子，他们也当"小先生"，教木匠师博认字。三个月后，教室里的50个孩子都坐着自己做的凳子。讲台上还有孩子们自己制作的杠杆、滑车等玩具和仪器。家长们挤在窗口、门外，信服地点头叫好。陶行知在讲台前，念起了一首刚写好的诗："他是木匠，我是先生。先生学木匠，木匠学先生，哼哼哼，我哼成了先生木匠，哼哼哼，他哼成了木匠先生。"孩子们看着坐在他们身边一起听课的木匠，都笑了起来。

　　一位叫姚文采的老师是陶行知的同乡，陶行知请他到晓庄教生物课。第一次上课，陶行知就让他先把书本摆到一边去，要"随时教育、随地教育、随人教育"。姚老师教了十多年生物课，从来没有不带书本去上课的时候，他弄不懂陶行知是什么意思。傍晚，他看见陶行知与两个叫花子在亲热地交谈。陶行知和那两个人谈完话，就叫学生领他们去洗澡，然后告诉姚文采："这是我从南京夫子庙请来的两位老师，来教大家捉蛇。晓庄附近有许多蛇，经常咬伤人，让叫花子来教大家捉蛇，你看怎么样？"姚文采没说话。叫花子开始为晓庄师生上生物课了，课堂就在山里。几天以后，最胆小的女孩子也敢捉蛇了，她们说："只要击中要害，蛇并没有什么可怕呀！"大家还懂得了蛇没有脚为什么跑得快，蛇没有耳朵怎么听得见声音，以及蛇是老鼠的克星等知识。姚老师终于理解了陶先生的用心。他带领学生采集标本，把挖草药的老农请来教认草药，请种花木的花匠来教种植花木的方法，请中国科学社的专家来教怎样辨别生物科别及定学名……晓庄附近的花草树木都挂起了学名牌，生物课从此上得生动活泼。

陶行知身为高等学府的教授、全国著名的教育家，却没有一点架子，时时注意拜普通的劳动人民为老师，他是我国千百万教师的楷模，更是知识分子中最早将教育理论和劳动人民的智慧与经验相结合的先驱。

**千教万教教人求真**

陶行知教育师生有一句名言："千教万教教人求真，千学万学学做真人。"他希望自己的学生除了在学业上不断进步，还要多学本领，追求真理，成为国家需要的人才。在育才学校，学生们每天上午上文化课，如语文、外语、数学、哲学，下午上专业课，如文学、音乐、戏剧等，还要进行劳动、军事训练和社会调查，日程总是排得满满的。有一段时间，有的学生厌烦了这样紧张的生活，在自习时间偷偷地打扑克。老师发现了，上前劝阻，他们还说这是"有劳有逸"。一天晚上，陶行知路过男生宿舍，顺便进去看看，正赶上有七八个男生在打扑克，玩得很起劲。陶行知没作声，站在旁边看着。一个同学突然发现了陶校长，急忙推旁边的同学，几个人慌忙放下扑克，羞愧地站起来，低着头等着挨批评。陶校长一句话也没说，沉默了一会儿就转身走了。

第二天，陶校长在全校会上讲述了抗日战争形势后，说："抗日需要人才，将来建国需要人才，你们难道可以浪费自己的时间吗？你们有多少本领要学啊！我要你们自觉地把扑克牌交出来，像烧鸦片烟一样地把它烧掉！要知道，时光是最宝贵的。"学生们低着头，把一副副扑克牌放在台上，堆成垛。陶校长用火柴点燃了牌，又温和地对学生们说："有人说'有劳有逸'，'逸'就只能玩扑克？你们可以练琴、写诗、作画，也可以打球、下棋……只有多学一点本领，将来才能建设国家。时光可贵，一去不回啊！"从此，学生们都珍惜时间，勤奋学习了。

育才学校文学组办了几十种壁报，还在重庆开诗歌朗诵会，很受大家欢迎。他们成立了榴火诗社，陶校长还专门为诗社题词。文学组的学生们有些飘飘然了：有的人留起了披肩长发，有的人特意穿破衣服，自视为艺术家的派头，也有的人自以为了不起，看不起别人，说话尖刻，爱讽刺人。除夕夜,陶校长把文学组学生召集起来,一面吃瓜子,一面语重心长地对他们说:"一个文人应是灵魂干净、品格高尚的人。衣服脏得很,破了也不补,这是乞丐,决不是文人应有的样子。"他又摸着一个男同学乱蓬蓬的头发说:"这是茅草山。我要放把火,叫'放火烧山'!"几个留长发的学生不好意思地笑了。陶校长拿起剪刀,亲自给他们剪了发,并耐心地给他们讲"要认真做学问,不要做井底之蛙"的道理,学生们听得心服口服。

对自己的孩子,陶行知同样严格要求。他的二儿子晓光没有正规学历。1940年夏,晓光经人介绍去成都一家无线电修造厂工作。厂方要看晓光的学历资格,晓光拿不出,就写信给育才学校副校长,请他寄一张毕业证书来。证明刚刚寄到,陶行知的急电也到了,严厉阻止晓光用这张证明,并要他立即将证明寄回。接着,又是封快信,信中说:"我们必须坚持'宁为真白丁,不做假秀才'之主张……总之,'追求真理做真人',不可有丝毫的妥协。你若记住这七个字,终生受用无穷。"以后,"追求真理做真人"七个字,便成了晓光的座右铭。

1946年7月25日,陶行知因突发脑出血逝世。他的一生百折不挠地"为中国教育寻觅曙光",他把全部身心献给了祖国的教育事业。毛泽东同志亲自为他写了挽词:"痛悼伟大的人民教育家。陶行知先生千古!"宋庆龄的挽词是:"万世师表。"周恩来的话代表了千千万万师生的心声:"陶先生,放心去吧!你已经对得起民族,对得起人民。你的事业会由朋友们、你的后继者们坚持下去的。你放心去吧!"

# 陶行知在教育田野中的诗性智慧

陶行知不仅是一位声名远扬的人民教育家，更是一位才华横溢的杰出大众诗人。在半个世纪波澜壮阔的革命与教育实践历程中，陶行知创作了七八百首诗歌。这些诗作题材广泛，涵盖大量政治抒情诗与教育动员诗，宛如一幅幅生动的历史画卷，展现着时代的风云变幻与人民的生活百态。

陶行知的诗歌独具魅力，清新流畅的语句如同山间潺潺的溪流，自然而灵动；明白易懂的表达恰似春日温暖的阳光，直白且亲切。诗歌富有韵律感，读来朗朗上口；或长或短的篇幅，容纳了多样的体裁；亦庄亦谐的风格，展现出各异的风貌。其作品兼具深刻的思想性与高超的艺术性，深受人民大众的喜爱，成为他们精神世界中的宝贵财富。

**正视现实的教育诗**

陶行知的教育诗，犹如一面镜子，清晰地映照出当时教育的现实状况，也彰显出他对教育改革的殷切期望。这些诗作感情真挚、形式自由，以通俗易懂的语言充分反映了他普及大众教育的主张，是其生活教育思想的生动体现。

1. 批判封建教育的腐败

批判封建主义传统教育的腐败，是陶行知教育诗的重要主题。20 世纪 20 年代，民族危机日益深重，陶行知怀着满腔热忱踏上办教育的道路，试图为深陷困境的中国教育寻觅曙光、探寻生路。然而，传统封建教育在中国扎根已久，盘根错节，其影响深远，即便到了近现代，仍牢牢束缚着民众。

陶行知早年留学欧美，接受过西方现代进步教育，这使他能敏锐地洞察中国传统封建教育的弊端。于是，他拿起诗歌这一有力的武器，深刻批判传统教育的空疏腐败，呼吁民众挣脱其桎梏。在他的诸多作品中，《学生或学死》《士之小影》《糊涂的先生》《敬赠师范生》等具有代表性。

> 小孩子，哪几个是学生？
> 小孩子，哪几个是学死？

陶行知幼年曾就读于私塾，对封建主义传统教育的毒害有着切身体会。后来，西方现代教育的熏陶让他对传统封建教育有了更为深刻的认识。他犀利地指出，传统教育是"死"的教育。在《学生或学死》这首诗中，"学生"与"学死"已不再是普通意义上的名词，而是具有双重含义的动词。在陶行知眼中，它们代表着中国民族文化教育截然不同的两种前途。旧的传统教育，如同沉重的枷锁，只能让受教育者走向"学死"的歧途；而新型进步教育，则如同明亮的灯塔，能引导受教育者走向"学生"之路，成为对民族、对社会有益的建设人才。这首诗犹如一把利剑，撕开了封建主义教育的伪装，揭露了其本质，同时也倾诉了陶行知对进步教育的无限憧憬与向往。

> 你这糊涂的先生！
> 你的学堂成了害人坑！
> 你的墨水笔下有冤魂！
> 你说瓦特庸，你说牛顿笨，你说像个鸡蛋坏了的爱迪生。
> 若信你的话，哪儿来火轮？哪儿来电灯？哪儿来的微积分？

这首诗以质问的口吻，如同一阵阵惊雷，愤怒地谴责封建旧式学校中那些因循守旧的先生对受教育者创造力的无情扼杀,对未来人才的残酷摧残。正是这些"糊涂的先生",用教鞭、冷眼和讥笑,不知赶跑了多少富有才华的学生,制造了无数的"冤魂"。这难道不是陶行知对旧式封建教育毒害的有力控诉吗?

四体既不勤,五谷也不分。<br>达则做官去,穷则教学生。

传统封建教育对学生创造力的压制,只能培养出毫无才华的奴才和碌碌无为的庸才。陶行知曾痛心疾首地说,旧的教育"为办教育而办教育,教育与生活分离",培养出的是四体不勤、五谷不分的"士大夫"。这些人整天追逐功名利禄,成功的便飞黄腾达,跻身统治阶级,失败的则穷困潦倒,只能以教书勉强维持生计。旧的传统教育,就这样一代又一代地毒害着人们,上演着一幕幕令人痛心的历史悲剧。

那么,传统封建教育造成如此恶果的根源究竟在哪里呢?陶行知以敏锐的政治洞察力,清醒地认识到其根源在于封建专制制度本身。反动统治者为了维持自己的统治,必然推行"愚民政策"。政治上的专制导致文化教育上的专制,只有进行彻底的改革,才能终结这种"死"的传统教育,为中国教育开辟出一条光明大道。

2. 揭露奴化教育的反动本质

揭露帝国主义奴化教育的反动本质,讥讽那些失去民族自尊心的洋奴,是陶行知教育诗的又一重要主题。1840年鸦片战争后,中国开始逐步沦为半殖民地半封建社会。为了维持这一局面,帝国主义与封建统治者狼狈为奸,不仅在政治、经济、军事上结成反动同盟,在文化教育上也相互勾结,大力推行奴化教育,企图培植帝国主义在华的代理人。因此,陶行知深知,要为中国教育找到出路,不仅要抨击封建教育的腐败,还要揭露帝国主义奴化教育的反动本质。《拉车的教员》《秋柳答》和《山海工学团二周纪念》等诗作,便是这一主题的典型代表。

> 分明是教员，爱做拉车父。
> 拉来一车洋八股，谁愿受骗谁呜呼！

在这首诗里，陶行知将那些推行帝国主义奴化教育的人形象地比喻为"拉车父"（拉车夫），把他们所传播的奴化教育内容斥为"洋八股"。他鲜明地表达出，谁要是中了奴化教育的毒，谁就会陷入悲惨的境地。将奴化教育比作洋八股，充分体现了陶行知对其严厉批判的态度。

> 爱，闭，细，弟（a, b, c, d），
> 湾，吐，斯利（one, two, three），
> 中国人嘴里放洋屁。

这短短几句诗，宛如一幅绝妙的白描画卷，生动地勾勒出近代中国洋奴的丑恶嘴脸。陶行知通过乡下女人对"十里洋场"大上海的评论，以简练而辛辣的笔触，给那些崇洋媚外、以讲外国话为荣之人画了一幅逼真的肖像。寥寥数笔，一个洋奴的形象便跃然纸上，让人对其丑恶行径一目了然。读罢此诗，我们不得不惊叹于陶行知诗作深刻的思想内涵和高超的艺术表现力。

> 这是先生自写照，诬我献舞亦奇哉。
> 君不见吾鞭但一指，任尔东风西风都滚开。

该诗是陶行知针对胡适的《秋柳》一诗而作。20世纪30年代中叶，胡适曾作《秋柳》："但见萧萧万叶摧，尚余垂柳拂人来。西风莫笑长条弱，待向西风舞一回。"诗中的"垂柳"是胡适的自比，"西风"指帝国主义奴化教育。胡适早年留美，对西方资本主义制度及其文化教育抱有幻想，有时对帝国主义奴化教育的本质认识不清。而陶行知作为坚定的民族主义者，以代秋柳作答为名，写下这首诗，对胡适的态度表现出轻视。

诗中的"东风"指中国封建主义教育,"西风"指帝国主义奴化教育,陶行知明确表示两者都必须坚决反对,彰显了他反帝反封建的坚定决心。

3. 高举新型进步教育的大旗

陶行知在批判传统教育和奴化教育的同时,积极倡导新型进步教育。他对美国实用主义教育家杜威的教育理论进行创新,"翻了半个筋斗",独创了具有中国特色的"生活教育理论"。在他的诗歌中,有许多作品宣传这一新教育理论,如《乡下先生小影》《诗的学校》《手脑相长歌》《小先生歌》《儿童节歌》《村魂歌》《风雨中开学》等。

揭开革命旗,飘扬劳山侧。
风云啸起处,书呆失魂魄!

这首创作于20世纪20年代末的《乡下先生小影》,气势恢宏,如同一声嘹亮的号角,向中国封建主义传统教育和帝国主义奴化教育发出了强有力的挑战。诗中宣告:教育改革的大旗已经高高举起,教育改革的风暴即将席卷而来。在这大变革的时代浪潮冲击下,传统教育和奴化教育的腐朽残渣将被彻底荡涤,那些顽固坚守旧教育的人,都将被吓得失魂落魄、不知所措。可见,早在20世纪20年代末,陶行知就已勇敢地扛起了新型进步教育的大旗。

宇宙为学校,自然是吾师。
众生皆同学,书呆不在兹。

这是《诗的学校》中的节选,深刻体现了陶行知"生活即教育""社会即学校""教学做合一"的教育思想。他倡导学生走出校门,投身到火热的现实生活中去锻炼自己,反对将学生禁锢在教室和学校的传统教育模式。他希望学生走进大自然,融入大社会,在自然与社会的广阔天地中接受真正的教育。从而增长见识、拓宽视野、培养能力。

> 人生两个宝，双手和大脑。
> 用脑不用手，快要被打倒。
> 用手不用脑，饭也吃不饱。
> 手脑都会用，才算是开天辟地的大好佬。

这首诗集中体现了陶行知"教学做合一"的思想。他认为，教、学、做是紧密相连的一件事，其中"做"是核心。既然如此，双手和大脑就必须密切配合，不能只动脑而不实践。这种"手脑并用""手脑相长"的主张，是"教学做合一"思想的形象表达，体现了陶行知"劳力上劳心，教学做合一"的进步教育观，与中国封建社会流传两千多年的"劳心者治人，劳力者治于人"的剥削阶级教育观针锋相对。这种进步的教育观，是陶行知身上人民性的真实写照，是他民主思想的充分体现，在中国教育思想史上占据着极为重要的地位。

### 呼唤民主的革命诗

陶行知不仅在教育领域成就卓著，在革命的战场上，他也是一位英勇的战士，以笔为剑，创作了许多极富战斗性的诗作。这些诗歌通过弘扬高尚的革命精神，激发中华儿女的战斗意志，以饱满的热情动员和号召全国民众为自由、民主、民族独立和人类解放而战。

在早期，陶行知创作了《黄花歌》《锄头舞歌》《岁寒三友》《妇女大众战歌》等具有代表性的诗歌。

> 黄花黄，黄花黄，黄花黄时万花藏。万花藏，黄花黄。
> 黄花黄，黄花黄，黄花黄时清朝亡。清朝亡，黄花黄。
> 黄花黄，黄花黄，黄花黄时民为王。民为王，黄花黄。
> 黄花黄，黄花黄，黄花黄时种麦忙。种麦忙，黄花黄。

这首创作于 1927 年 11 月 26 日的《黄花歌》,诗中的"黄花",既指辛亥革命前夕黄花岗烈士之"黄花",也象征着工农革命之花。1929 年毛泽东在《采桑子·重阳》中写下"战地黄花分外香"的诗句,同样用"黄花"来赞美工农革命战争的胜利。陶行知的这首诗,多次表达了对革命胜利、人民当家作主的热切期盼,也饱含着对工农革命胜利后人民安居乐业美好生活的无限憧憬。

  手把个锄头锄野草呀,锄去野草好长苗呀……
  五千年古国要出头呀,锄头底下有自由呀……
  天生了孙公做救星呀,唤醒锄头来革命呀……
  革命的成功靠锄头呀,锄头锄头要奋斗呀……

这首同样创作于 1927 年 11 月的《锄头舞歌》,旨在唤醒中国农民的革命意识。陶行知以质朴的语言,号召广大农民为了争取民主和自由,为了推翻反动的剥削制度,前赴后继地进行革命斗争,争取建立真正由人民当家作主的新中国。

  万松岭上松,鼓荡天风,震动昆仑第一峰。
  千军万马波涛怒,海出山中。
  竹绿梅花红,转战西东,争取最后五分钟。
  百草千花休闲笑,且待三冬。

在 1930 年 1 月创作的《岁寒三友》中,陶行知以松、竹、梅来比喻共产党领导的工农武装政权。这些武装力量历经艰难险阻,却百折不挠,展现出旺盛的生命力。诗中称赞自南昌起义和秋收起义之后,毛泽东领导的革命武装力量开赴井冈山开辟革命根据地,同时,彭湃在海陆丰领导了武装起义,建立了广东海陆丰革命根据地。革命的烽火呈燎原之势,陶行知盛赞共产党领导的工农武装革命。这个新生的政权在白色恐怖中诞生，饱经风霜，却茁壮成长，他从中看到了中国革命的光明前途和希望。

走出闺房，跑出厨房，捣毁脚镣、手铐的旧礼教，打倒封建魔障，拿出我们自己的主张！

走出闺房，跑出厨房，挺起胸膛，紧拿着我们所有的刀枪，冲向民族自救的战场！

1936年创作的《妇女大众战歌》，是陶行知为动员广大妇女大众而作。他鼓励妇女冲破封建礼教的重重束缚，摆脱封建三大绳索的禁锢，走出家庭，解放思想，树立独立人格，接受革命教育，发挥"半边天"的作用。他号召妇女像男子一样，紧握刀枪，奔赴民族解放的战场。这首诗，既是唤醒妇女革命意识的良药，也是倡导妇女解放的有力宣言。

到了抗日战争至解放战争时期，陶行知又创作了《儿童节歌》《献给北碚青年抗敌出征团》《胜利进行曲》《民主进行曲》《古北口来的大刀》《倒退十年歌》《胜利带来了一切》《炸弹》等众多诗歌。

东战场，西战场，原来是一体，哪怕隔万里重洋。

咱们所拼命的，同是对侵略的抵抗；咱们要贯彻的，同是民主和平的主张。

你们为西班牙伟大民族而受伤，你们流的血是自由神下凡的红光！

你们的英勇斗争，照耀到我们的心腔，好比是冬天的太阳。

你们打胜仗，便是我们打胜仗；请你们放心，祖国的责任有我们担当。

1938年3月1日创作的这首诗，通过赞扬在西班牙战场上参加反法西斯战争的中国战士的英勇献身精神，激励广大中国人民为正义、民主和独立而战的决心和信心。那些战士的英勇事迹，如同"冬天的太阳"，永远照耀着中华儿女的心灵，鞭策着人们为抗战的最终胜利浴血奋战。

站起来，抗日的小孩！

长起来，抗日的小孩！

联起来，抗日的小孩！

我们要帮助大人，把东洋的妖怪赶开！

赶出东四省，赶出黄海外，叫他们知道我们的厉害，我们是抗日的小孩！

小孩们！拿出我们的力量，捉几个小汉奸。

汉奸，汉奸，汉奸肃清了，快活似神仙。

小孩们！拿出我们的力量，省几个钢板。

钢板，钢板，少吃几块糖，为了买子弹。

1939年3月创作的《儿童节歌》，旨在教育和动员广大少年儿童从小树立抗日杀敌的志向，打鬼子、捉汉奸，争做抗日小英雄。同时，这首诗还倡导少年儿童养成勤俭节约的好习惯，省下零钱"买子弹"，从后方支援抗日战场。这是一首极具特色的培养儿童革命意识和战斗精神的优秀诗篇，在当时广泛传唱，激发了无数儿童的爱国热情。

1941年，陶行知写下托物言志的《炸弹》：

你平生只说一句话，从不顾粉身碎骨，在惊天动地的爆炸中，诞生了幸福的新国。

这首诗通过歌颂炸弹的献身精神，一方面表达了他自己愿为中华民族的解放事业献身的坚定决心；另一方面，也教育广大青年在国难当头之际，要像炸弹一样，具有为革命粉身碎骨的伟大献身精神。

陶行知的诗，数量众多且质量上乘。他虽从未以诗人自居，但被公认为中国现代"独开风气之先"的大众诗人。他的诗作之所以深受民众喜爱，是因为他大半生扎根于工农大众之中，深入体验下层民众的生活，深知民众对文学作品的需求，明白哪些作品能真实反映民众的生活。正如郭沫若所评价的那样,陶行知的诗作是"一部'人民经',它会教我们怎样做诗,并怎样做人"。陶行知的诗,既是鼓舞人民斗志的嘹亮号角,激励着人们为了理想和正义奋勇前行;又是提高民众素养的良好教材,引导人们在诗歌的熏陶中不断成长。在以"五四"为起点的中国新诗发展历程中,陶行知的诗歌无疑占据着重要的地位,为中国新诗的发展注入了独特的活力,成为中国现代文学宝库中璀璨的明珠。

# 从"新青年"到"燃灯者"的杨东莼

时代的洪流滚滚向前，人类的历史在继承中不断发展。一个时代有一个时代的独特印记，一个时代有一个时代的固有使命。回望中国共产党建党百年艰苦卓绝、光辉灿烂的发展奋斗历程，我们会发现，这是个体命运与国家命运最为息息相关的一个时期。多少仁人志士在风雷激荡的大时代里追求真理和光明，尽一己之力，拼命地为这个民族、这个国家奉献，以坚定的信仰和坚实的态度，带动、鼓舞、影响着身边的人。在那些黑暗的岁月里，他们用自己的力量点燃了思想之灯，照亮了周遭的世界，给渴盼光明的人们带来希望。杨东莼，这位中国近现代杰出的马克思主义学者，著名的历史学家、翻译家、教育家和社会活动家，就是这样一位在时代洪流中不惜燃尽自己也要追寻真理与光明的实干家。

**追随李大钊，信仰传播马克思主义**

1919年5月4日，北京3000多名悲愤的学生组成了庞大的游行示威队伍，从天安门出发，直奔赵家楼。五四运动的爆发彻底打破了动荡年代的混乱与沉闷，迅速点燃了国人救亡图存的爱国热情。时年19岁的杨东莼，一位从私塾教育辗转到北京求学的湖南热血青年，参加了这场史诗性的运动。他立志做行动主义的"毅者"，积极参加各种学生运动。在北大，他迅速成为了"新青年"一代的知识分子，代表着一个从政治上的爱国主义到文化上的反传统主义之间的广义光谱。

进入北大学习之后，杨东莼一直与北大中文系的湖南老乡邓中夏住在一起，两人朝夕相处三年。杨东莼曾说："虽然是同学，但我视他为师表。"邓中夏在杨东莼的记忆里留下了深刻的印象："（邓中夏）年纪比我大了五六岁。他是湖南宜章人，家里大约是一个小地主。来北京以后，他即和家庭断绝了联系。在我的印象中，邓中夏是一个非常朴素、勇敢和热情的人。他爱帮助别人，在同学中，他享有很高的威信。"在邓中夏的引导影响下，杨东莼对时事政治、社会问题展现出了浓厚的兴趣，阅读了大量进步书籍。他精读了柏拉图的《共和国》，圣西门的《空想社会主义》，孟德斯鸠的《法意》，亚当·斯密的《原富》，马克思的《资本论》，黑格尔的《哲学》，等等。

杨东莼是北大图书馆的"常客"，这是因为李大钊的办公室在那，很多社会主义书籍、杂志在那。李大钊"主持的北大图书馆成为左倾思潮的发祥地"，吸引了很多像杨东莼一样渴望追寻真理，改革社会现实的青年人。五四运动之后，参与者逐渐分化为"谈论主义"与"研究问题"两派，杨东莼的哲学老师胡适、唯物史老师李大钊分别给出了截然相反的答案，对哲学有着浓厚兴趣的杨东莼却坚定选择了后者。他对李大钊十分敬仰，因为李大钊身上有普罗米修斯般的使命感，让俄国十月革命的火种最早在北大播下，是众多青年走向革命的引路人。1920年3月31日，杨东莼与邓中夏、罗章龙等参加了由李大钊直接领导的"北京大学马克斯学说研究会"（"马克斯"后通译为"马克思"）的创办活动。这是中国最早出现的、有组织有计划研究和宣传马克思主义的革命团体。1921年7月中国共产党成立后，北京地区共产党组织为了加强马克思主义的研究和宣传，决定把这个"研究会"在北大校内完全公开，并在《北大日刊》上刊出启事。杨东莼作为北大"马克斯学说研究会"19位发起人之一参与起草了《发起马克斯学说研究会启事》。在李大钊的深刻影响下，杨东莼积极参加工人运动，与邓中夏深入长辛店铁路工人群众，与平民教育演讲团成员朱务善等一起，在京绥铁路上做调查和联系的工作。到工人家中访问，广交工人朋友，宣传革命道理。这段难忘的日子，他和邓中夏总是并肩奋战、形影不离。

**以苦为乐，探寻真理的曙光**

1923年7月，杨东莼在长沙协均中学任教时加入中国共产党，毛泽东亲任监誓。那时，他与何叔衡、曹伯韩、黄芝岗等常有工作联系，但不久，他和黄芝岗同时失去了与党组织的关系。1924年3月7日，杨东莼重回醴陵，担任县立中学（又称渌江中学）校长。这所学校同样有着光荣的革命传统，李立三、左权等都曾在这里求学。他在学校期间，以教员身份作掩护，引导支持学生组织学术团体"社会问题研究社"，研究时政，鞭挞时弊，支持他们创办了《前进》周刊，宣传马列主义，揭露帝国主义和封建势力侵略、压迫人民的罪行。在渌江中学，马克思主义像热带的藤蔓植物一样长势迅速，"社会问题研究社"吸引了60多名成员，其中，左权、蔡升熙、宋时轮等后来成为中共党和军队的高级干部和著名将领。

1927年，在大革命失败后，白色恐怖笼罩上海，杨东莼被悬赏500光洋通缉，在弟弟杨人楩的帮助下，东渡日本留学。在日本三年间，杨东莼继续研究马克思主义并从事翻译著述工作。他在《评所谓读书运动》一文中引用蔡元培的话："我们不研究马克思决不能懂得马克思，不懂得马克思也不配反对马克思……《资本论》不但是一部好书，而且是十九世纪的伟大的著作，无论赞成或反对马克思的青年，都值得一读的。"

在日本期间，杨东莼除了翻译狄慈根的《人脑活动的本质》（又名《辩证法的唯物观》）《论逻辑书简》《一个社会主义者在认识领域中的漫游》《哲学的成果》外，他还先后翻译出版了恩格斯的《费尔巴哈论》（与宁敦武合译）、德波林的《斯宾诺莎与辩证唯物主义》。最值得一提的是，杨东莼还翻译了摩尔根的名著《古代社会》。他认为，《古代社会》对于学习马列主义是一部很有参考价值的书，对于原始社会的研究，更是一部重要的著作。他与张栗原合译了此书，又经冯汉骥修改校订，在1929年、1930年由上海昆仑书店分两册出版。此后在1935年12月，又重新修订，经历史学家周予同推荐，由擅长西洋史研究的何炳松负责，纳入20世纪上半叶中国最具影响的丛书"万有文库"。此外，他还在《民铎》杂志上了连续发表了《狄慈根之哲学》《思想之方向转变》《从自然科学的唯物论到辩证唯物论》三篇宣传辩证唯物论的文章。这些著作和文章是他从事马克思主义经典著作译介、运用唯物辩证法的重要体现，对他日后进行的各种学术研究都有深刻影响。在日本留学的这段时间，也是杨东莼思想方向的转折点，曾经梦想成为梁启超式政论家的杨东莼，成为积极实践的共产主义者和马克思主义的布道者。在学术与政治对峙的现实环境里，他仍然是一个富有激情的理想主义者，坚持马克思主义哲学的研究与宣传。

**投身革命，做真理思想的燃灯者**

1932 年年初，新桂系军阀雄心勃勃，想把广西建设成一个强大的"模范省"，提出"建设广西，复兴中国"口号，以与蒋介石抗衡。李宗仁、白崇禧为积极延揽人才来广西，决定创办广西省立师范专科学校，杨东莼出任校长。他聘请了一批知名进步人士来校任教（这些人基本上都是共产党员、作家、翻译家）。杨东莼和他们"巧妙地利用桂系同蒋介石之间的矛盾，在白色统治下，建立了一个小小的革命据点"，使"广西师专成为除苏区外，当时国内独一无二的公开宣传马列主义、宣传民主思想，实行科学教育方针，学风端正，思想活跃的高等学校"。

一二·九运动后，杨东莼到上海参加由沈钧儒、邹韬奋等人发起组织的"上海文化界救国会"，从事爱国民主运动。1937 年到 1948 年间，他辗转湖南、广西、香港、四川等地参与抗战、从事教学。物质上艰难、困苦，但他乐观、坚忍，不屈不挠地把智慧和精神的种子播撒给学生。对于杨东莼的教育效果，李宗仁曾这样训责部下："为什么杨东莼训练的干部如此成功，你们训练的干部这样蹩脚呢？"李宗仁的话再次证明，杨东莼在任校长时，把师专变成了培养进步学生的革命摇篮。

西安事变后，杨东莼受中共中央指派，执行对新桂系高层的统战任务。杨东莼到湖南南岳，会见刘斐，与他同去桂林见李宗仁、白崇禧。李宗仁、白崇禧再次与杨东莼探讨对时局的看法，杨东莼指出，中共的抗日民族统一战线是坚定的。西安事变的结果最终还是会由统一战线来决定。

**豁达刚直，志高才大的淳淳长者**

周恩来总理在不同时期对杨东莼有三个评价：一是"杨东莼在广西，力足敌十万健儿"；二是"学识渊博，胆小如鼠"；三是"既是老革命，也是新党员"。新中国成立后，杨东莼听从周恩来总理的安排，又一次去广西，担任广西大学校长。他曾对学生说："要一分为二，肯定优点，指出缺点。要开展批评和自我批评，不要有什么顾虑。每个人都有一个小袋袋，我也有一个袋袋，周总理给我的鉴定是'才高、智大、胆小'六个字。我经常以这六个字来鞭策自己，努力克服自己的缺点，为党和人民多做工作。"

20世纪六七十年代开展的某些所谓"学术讨论"，实际上是不讲道理的围攻批判，对此，杨东莼十分反感。报刊上点名批判周谷城、夏衍、孙冶方，他偏偏要在各种场合大谈自己和这些同志过去共事、交往的经历，婉转地流露出由衷的惋惜与同情。他还经常说："不念旧恶，在必要的条件下应该如此做；不念旧情，那就会变成独夫和天下绝物。"

在艰难的岁月里，杨东莼不顾个人安危，帮助原《大公报》负责人王芸生、经学家马宗霍等解决生活困难。语言文字学家黎锦熙居室逼狭，藏书乱积，无法开展研究，杨东莼四处奔走，替他解决了住房问题。逻辑家金岳霖重病时得不到应有的照顾，只能雇板车送医院求治，杨东莼为此大声疾呼。

到了20世纪70年代，年过七旬的杨东莼，仍然豁达而又刚直，经常在不同场合反驳"四人帮"捏造的无稽之谈，在民主党派中德高望重，被人们亲切地称呼为"杨东老"。他坚持真理、敢讲真话的浩然正气，彰显了他的风骨。73岁时，他写下了这样一首诗："自愧平生一无长，书在手边辄浅尝；香花毒草各有趣，悟到真谛喜欲狂。五十年来走四方，处处为人打杂忙；甘草一味价诚贱，汤头歌诀不能忘。"

## "赤子"方明

方明，原名方培玉，江苏无锡人，陶行知的忠实弟子之一。他早年曾加入陶行知创办的中国普及教育助成会，其后在陶行知的支持下，创办了流浪儿童工学团，教流浪儿童识字、明理。教室就是马路边的空地，课本则是用陶行知先生编撰的《老少通》。随着普及教育的深入发展，又先后在上海成都路小学、余日章第二义务小学任教，开展抗日救亡教育。

新中国成立不久，陶行知研究曾一度中断。改革开放以后，拨乱反正，对陶行知的研究逐渐恢复。安徽省率先成立陶行知研究会，位于南京晓庄学院的陶行知纪念馆也正式对公众开放。随后江苏、上海、四川、湖北相继成立陶行知研究会。1983 年，由安徽和江苏两省陶行知研究会联合举办的陶行知教育思想学术讨论会在南京召开，会议接待了来自全国各地的陶行知研究会代表及相关学者，要求建立全国性的陶行知研究会的呼声日益高涨。1985 年 9 月 5 日，中国陶行知研究会在北京正式成立，方明出任常务副会长兼秘书长。1996 年至 2008 年，方明担任中国陶行知研究会会长。

自 1985 年中国陶行知研究会成立以后，方明将个人的主要精力投入到了陶行知思想的整理研究以及宣传、推广工作中，开创了改革开放后陶行知研究的第一个高峰。

方明晚年仍身板硬朗，精神矍铄，说话中气十足，开会常常站着讲话，手舞足蹈，充满激情。他走路疾如旋风，上下台阶，边蹦带跳，遇有沟坎，一跃而过。旁人提醒他慢一点，悠着一点，他常笑答："没问题，我没老！"

方明不服老，也慢不下来。20世纪80年代以来，他为了宣传、推广陶行知教育思想、实践和精神，推动中国教育的改革与发展，殚精竭虑，呕心沥血，坚持不懈。在他和吴树琴、陶晓光、陶城、刘季平、操震球、张健、戴自俺等陶行知亲属、战友、学生的推动下，以发起成立中国陶行知研究会为契机，聘请陶行知早期的学生、原国务委员张劲夫任中陶会名誉会长，聘请老教育家、全国政协副主席钱伟长任中国陶行知研究会会长，他则常务副会长兼秘书长一肩挑，既动脑，又动手，完全按照乃师陶行知所倡导的那样办。他还请陶行知育才学校时期的学生、时任国务院总理的李鹏撰文并题词支持陶行知教育思想研究，请时任上海市长的江泽民拨出专项经费，为陶研创造良好的政经条件和社会氛围。为筹集陶研经费，他参与发起组织中国陶行知基金会，聘请全国政协副主席孙起孟任基金会会长，在中国人民建设银行行长周道炯等人具体运作下，多方筹措经费。他全年东西南北，四处奔走，不辞辛劳，指导、推动各地成立陶行知研究组织，开展陶行知研究骨干培训活动，加强队伍建设；指导各地开展陶行知教育思想的实验和实践，及时总结经验，以点带面，逐步推广。近三十年来，他很少在北京的家里待着，不是参加各种会议，就是到各地指导陶行知研究实验，每天都在"高速运转"之中。连陪同他经常出差的年轻人都感到吃不消，很难适应他的快节奏。

方明信念如铁，始终如一。从20世纪30年代起，他就追随陶行知从事爱国救亡运动，长期在中小学教育界开展进步工作。他曾受党组织指派，协助陶行知筹备生活教育社分社，倍受陶行知教诲，深得陶行知生活教育思想和伟大精神人格的真传。1949年后，他先后任中共上海教委书记、上海市教育工会主席、中国教育工会主席等。在"文革"中，他虽然遭受挫折但不改初衷。改革开放以后，他在民进中央支持下，首倡建立以教师为主体的教职工代表大会制度，最早呼吁恢复教师节，最早倡议并参加起草《教师法》，推动以法律保障教师的合法权利，为中国教育发展与改革鼓与呼。担任中陶会领导职务后，他又积极推动学陶、师陶、研陶，借鉴陶行知教育思想和实践，推进农村教育改革和师范教育改革，受到党和国家领导人的高度重视。他还大力扶持各地打工子弟学校，关心进城务工人员子女教育，在教育界产生很大影响。

方明热情似火。与他接触，不用多久，就会被他灼灼的热情所感染。从他身上，丝毫感觉不到老年人常有的迟暮感，倒是充满了年轻人的朝气和锐气。他常对人说："人总是要有点精神的。一个人要解决好人生观、世界观的问题，也就是一个精神状态的问题；有了一个好的精神状态，奋发向上，心情舒畅，身体就会比较好。"他就是以这样一种精神状态支撑着自己，感染着他人。

方明晚年将重点放在培养年轻一代陶行知教育理念的追随者身上，他对晚辈后学奖掖有加，不吝援手，曾帮助教育界多名年轻人成长。对此，我更是深有体会。1982年初，我从华中师大历史系77级毕业，分配到学校新成立的教育科学研究所任教，所做的第一件工作，就是在当时的校领导刘若曾、章开沅、邓宗琦等人支持下，随杨葆焜、董宝良等先生编辑《陶行知全集》《陶行知教育论著选》，后来又参与主编《陶行知教育学说》和《中国近现代教育思潮与流派》，由此开始接触陶行知的一些亲属、战友和学生，也包括方明等人在内。

1985年，中国陶行知研究会成立。1987年，湖北省陶行知研究会成立，我的恩师、陶行知金陵大学校友、华中师大校长章开沅任会长，我任秘书长。方明及中陶会的诸位领导对湖北陶研工作很重视，对华中师大陶行知研究中心的研究成果，特别是章开沅、唐文权的《平凡的神圣——陶行知》一书予以极高的评价，并将华中师大作为国内主要陶行知研究基地之一。他还四处筹措经费，联系中央领导题词，支持我们筹办首届陶行知研究国际学术研讨会。在会议经费极为紧缺而国外学者积极报名参加的情况下，方明等领导帮了大忙，解了燃眉之急。否则，那就真要开"国际玩笑"了。

2000年底，方明知道我即赴陶行知的母校美国哥伦比亚大学教育学院做高级访问学者，多次来函来电叮嘱我留心收集陶行知早期的生活和学习资料。方明、张健、章开沅、董宝良、胡晓风等前辈的厚望，成为我留美期间每天早出晚归全力收集陶行知有关资料的最大动力。2001年6月我回国后，方明又嘱咐我将收集到的有关资料汇集编入我早年在人民教育出版社出版的《陶行知研究在海外》，新出一个增补本；还鼓励我抓紧时间，将20世纪90年代初在章开沅教授指导下撰写的国内第一篇陶行知研究博士论文《陶行知与中国现代文化》修改出版，为教育改革与发展提供历史借鉴。

2003年3月6日，我在十届全国人大一次会议上，向前来湖北代表团参加座谈的时任国务院总理温家宝面呈《关于实行农村九年义务教育完全免费制的建议》，呼吁实行农村九年义务教育完全免费，包括免学费、杂费、教科书费，并补助贫困生伙食费，得到温总理的肯定。会后，我又在《人民日报》《中国教育报》《教育研究》《中国教师》等报刊上撰文呼吁实行义务教育全免费。方明得知后，在2004年3月两会期间，专门邀请我到他全国政协委员住地面谈，给予赞许，并称这是他和许多教育界代表、委员的共同期盼，也曾为之努力多年，更是陶行知等老一辈教育家毕生追求的目标之一，希望我顶住压力，不怕误解，继续努力推动。在陶行知精神的鼓舞下，在方明和许多代表、委员以及社会人士的支持下，我得以连续数年呼吁此事。由于中央的高度重视，义务教育免费后来最终完全实现。

《孟子·离娄下》中有一句话，叫"大人者，不失其赤子之心者也"，"赤子之心"指的是刚出生的婴儿那颗纯正而天真无邪的心，常用来比喻一个人的忠诚热切之心。这句话用在方明身上最贴切，他是一位真正对国家、对民族、对教育事业，也对陶行知充满忠诚热切之心的人，一位有着一颗纯正而天真无邪的心的人。

# "要留风骨在人间"章开沅

2021年5月28日8点33分,泰康楚园杜总忽然打来电话,我心里一惊,想起前几天看望章开沅老师时他身体严重不佳的情形,顿时有种不祥的预感。果然是噩耗,电话中他告知我老师在十几分钟前平静地走了。

此事还未告知师母,大家不知如何对她开口,担心她老人家接受不了。我决定还是先与夫人到现场参与后事办理再说,这是当务之急。

我们在病房向开沅师逐一鞠躬致哀。看着恩师平静祥和、面颊消瘦的遗容,泪水止不住流了下来。刹那间与开沅师交往的诸多往事一一浮现在眼前。

**初识见风骨**

初识开沅师是在我入学后不久,我是华中师范大学历史系77级学生,1978年3月正式入学。

开沅师正式给我们上课大约在1980年。在上他的课之前,我们已经知道历史系除了国学大师钱基博、张舜徽等老先生外,还有一位很有名的先生叫章开沅。为了迎接辛亥革命七十周年大庆,他受国家委托主编《辛亥革命史》三卷本,后来该书成为全球研究辛亥革命史的第一部综论性大型专著。他那时十分忙碌,常在外地统稿,很少与我们见面。

突然有一天中午,历史系学生宿舍斜对面的教工一食堂门前贴出了一张"声明",观者云集。大家像炸了锅一样,议论纷纷。写"声明"的不是别人,正是开沅师。"声明"很快就被人撕了,原意是,希望实事求是地对待"文革"期间他被批判的一篇文章。

说起"声明"的起因，还得从"文革"前夕开沅师为《光明日报》所写的文章《不要尽量美化，也不应一笔抹杀——对于李秀成评价问题的一点浅见》说起。文章主张全面客观地看待并评价历史人物，却被借题发挥者认为是折衷主义，为此开沅师在"文革"期间多次被批判。后来开沅师虽经有关部门发函宣布平反，但并不彻底，平反函中留有一个尾巴，说开沅师自己也对此"负有一定责任"。

从不苟且的开沅师，就这样以一张公开"声明"的方式，在与我们77级学生见面之前，给大家脑海中留下了敢于发声、毫不妥协的"硬汉"形象。

终于等到他给我们上辛亥革命专题课，而我正好是历史课代表，需要当好学生与老师沟通的桥梁，必须经常请教他。在我的想象中，他一定是脾气火爆、不苟言笑的一个人，可接触下来却发现他对学生既和蔼、温和，又十分爱护。

久而久之，我发现他不只对所有学生，对教职工也是如此。他后来担任华中师范大学校长，依然每天早上亲自打早点，路上遇见了教职工总是嘘寒问暖。他像爱学生一样，关心爱护青年教师，不仅让他们从筒子楼搬进了教师公寓，还在思想、工作、生活、待遇等各方面关爱有加。

华中师大坐落于桂子山。原来桂子山是一座光秃秃的山，华中师大从老城区昙华林旧址迁移至此，种下大量桂子，才有了今日的桂花香飘校园。负责后勤的绿化组中有一位叫姚水印的老师傅，一辈子给华中师大做园林绿化工作。开沅师曾在全校师生面前公开表彰并号召大家向姚师傅学习，学习他"一辈子踏实做一件事"的精神。逢年过节，他还不时前去探望、慰问姚师傅。

开沅师没有任何官员架子、学者架子、校长架子，实际接触过后与我们最初的印象大相径庭。

### 为了栽培后生拍了桌子

本科毕业之前，我和同班两位同学——马敏、朱英约好，一同报考章先生的硕士。我们三名男生年纪相仿，都对近代史特别是辛亥革命史非常感兴趣，平日刻苦勤奋，因此被同学们戏称为"三驾马车"。当我们提出报考开沅师的硕士时，他十分欣喜，并热情地欢迎我们报考。但那一年，我因考研外语差几分未能如愿。懊恼之际，他安慰我说，不要紧，明年再来。

紧接着就是大学毕业分配。因成绩还算不错，表现尚可，按当时的惯例，我留在本系工作的可能性较大，教历史教学法的周老师也希望我留系与她一道工作，并向系领导提出此建议。谁想，因考研选择了开沅师，无意中得罪了同系另一位老师，据说他因指导我大三课程论文也欣赏我，而他又恰好在毕业生分配问题上有话语权，因此，我虽被留校，却无缘留在本系，分配到学校新成立的教育科学研究所工作，被踢出了史学大门。

当时，我还是二十来岁的小年轻，不懂得复杂的人事之争，也不似今天有跨学科的观念，认为学了历史就要从事历史研究，离开历史系就与历史研究无缘，在相当长一段时间心情难以平复，有一段时间很苦闷、很彷徨，不知未来前途何在。

后来好几位老师跟我说，开沅师为了我留系的事，在院办公室当着这位老师的面"拍了桌子"。

这是后话。当时我感到有负开沅师厚爱，加上次年底开沅师担任校长，我就更不好意思再叨扰他。而那时学校接到湖南教育出版社关于编辑出版《陶行知全集》的约稿，刚刚大学毕业的我接手了这一重任。

然而，我的心中一刻都没有停止继续报考开沅师研究生的念头，教科所的领导们也都知晓并鼓励我报考。可工作两年后，《陶行知全集》也即将编完，等来的却是章先生只招博士、停招硕士的消息，我再一次感到无望，便在教科所老师建议下，攻读了本所研究生，成为国内第一位做陶行知研究的教育学硕士。

我的研究逐渐引起了陶行知弟子的关注。1987年，时任教育部党组成员、中央教科所所长、陶行知弟子张健来到湖北，我陪同他去见开沅师。陶行知也是开沅师心中的楷模，他曾说："我有两个榜样，一个是蔡元培，一个是陶行知。"张健向开沅师极力推荐我，希望他把我培养成中国第一个研究陶行知的博士。开沅师一听就笑了："洪宇本来就是我的学生，过去当历史课代表常来我家，只是近几年他不来找我，接触少了。"他鼓励我，明年硕士研究生毕业，来报考他的博士生。

开沅师的这番话给了我极大的温暖，要知道每年报考他的博士生的人挤破了门框，北大、复旦、南大、武大、中大、川大等名校高材生数不胜数，我一名中途改道的学生，有何资格再入他的门下？当天晚上，我给他写了一封长信，表达了曾辜负他厚望之意，又把这几年的学习、工作和想法跟他做了详细汇报。

备考前，我心里没底，问开沅师考试需要做何准备，他只是一笑而已。及至我来到了复试现场，开沅师问了我一个问题："我刚看到你在《理论导报》上写了篇文章。这篇文章提出一个观点，要注意培养理论工作者的主体意识。那你就说说什么是理论工作者的主体意识吧。"我当时一惊，《理论导报》只是省属小报，开沅师怎么会看到我的这篇不起眼的文章。理了理思路，我从理论工作者的自身主体性、研究选题的主体性以及研究过程中的主体性等方面做了系统阐述。开沅师微笑着说"不错"，在场的老师们也都笑了。虽然我不明白大家笑是何意，但最终投入了他门下，圆了多年梦想。

在开沅师的指导下，我继续从事陶行知研究，后经他与张健亲自撰写推荐信，我于2000年赴哥伦比亚大学做高级访问学者。至今我已出版了20多本陶行知研究中英文论著，并在此基础上向教育史学科拓展，开辟了教育活动史这一新领域，构建了教育思想史、教育制度史与教育活动史"三分天下"的教育史学科新格局。特别荣幸的是，我还在开沅师之后接任过中国陶行知研究会常务副会长，总算在这个专门领域接上了班。

在开沅师的带领下，如今"章门学派"已成为史学界公认的少有自成学派的学术群体：马敏先后担任华中师大校长、党委书记，朱英出任华中师大近代史研究所所长，桑兵现为浙江大学资深教授，王奇生是唯一一名本硕博都不是北大毕业的北大历史系主任；史学界的长江学者特聘教授七八位；学术界、教育界、政界乃至企业界的优秀同门不胜枚举。

**请辞文科资深教授**

大众对开沅师的一个深刻印象是，国内请辞资深教授第一人。

那时，我已经在省里工作。记得在一次会上遇到开沅师，他谈到，学术界有一股争名逐利之风，包括一些名家、院士，似乎有三头六臂，什么都去插一脚，像他们这样的老学者，更应该带头做好榜样，"我正在考虑要不要辞去资深教授头衔"。

文科资深教授相当于理工科的院士，是一所高校的王牌，于公、于私大家都不希望他请辞资深教授，便总是"搪塞"他，连我也被学校拉去做他的工作。可是，开沅师的态度很坚决，发展到后来，他无论在哪个场合都要表明请辞立场。

开沅师曾对时任华中师大党委书记的弟子马敏说："不管你们同不同意，我都要宣布辞职。"为此，他还专门写了一篇文章。他总觉得，既然不在其位，就没有必要浪费国家的钱，"如果大家都不搞，那我就来带这个头"。

我后来逐渐明白了他的举动，不是从个人考虑，而是希望以身作则、率先垂范。这也正是他时常倡导的"敢为天下先"精神的体现。

外界只看到他请辞资深教授一事，很多人并不知道，其实他还主动辞去大学校长、全国政协委员、国务院学位委员会历史学科评议组召集人这些关乎学校学科发展以及学校历史学在全国地位的头衔。

宣布辞去校长之时，他深感自己不能"天天忙着去救火"。他在校长之位上为国家服务了8年，但骨子里是一位地地道道的学者。这从他1983年当上校长第一天，就可见一斑。当校长，对他来说是"偶然"事件。

在那之前，他的最高职位是华中师大历史系近代史教研室主任，尚未入党。20世纪80年代的校长任命采取选举民意制。校内民意测评第一名是他，校内投票第一名又是他，而且他当时五十来岁，正值年富力强，教育部自然就任命他为校长。就这样，他从一名普通的教研室主任跃升为一校之长，直到现在也再无第二人。

上任前，他曾要求一周至少有两天时间从事学术工作，但后来当上校长，却发现根本难以实现。他有一句名言："宁可站着倒下去，也不躺着混下去。"这也是他校长工作认真负责的写照。

但他的内心，始终向往学术。我在给他整理《回归大学之道：章开沅口述史》时，他一直在呼唤两个回归——回归大学主体、回归教育本质。他在校长之位坚守8年之久，其间不时有哈佛大学、耶鲁大学、普林斯顿大学等名校邀请开沅师以"杰出学人"的名义去讲学，他也渴望有机会把自己的学问系统地整理一下，索性就将头衔辞了个干净。

这些经历与他请辞资深教授的逻辑是一脉相承的，都充分体现了他的价值观。一直以来，他都是一名有正义感、使命感、责任感的学者，用实际行动诠释了"治学不为媚时语，独寻真知启后人"。他是一名真正的好学者、好老师、好校长，真正的"大先生"。

第八辑

# 全球视野
## ——智慧图谱

# 科技革命与产业变革催动教育革新

踏入 21 世纪的大门，新一轮科技革命与产业变革如汹涌浪潮，重塑着全球创新版图，改写着全球经济结构。以人工智能、量子信息、移动通信、物联网、区块链为代表的新一代信息技术，恰似春日破土而出的春笋，蓬勃涌现。党的十八大以来，习近平总书记多次强调要敏锐把握数字化、网络化、智能化的发展大势，推动产业技术的深度变革与优化升级，促使制造业的产业模式和企业形态发生根本性转变。以创新驱动破旧立新，凭借增量带动存量，助力我国产业迈向全球价值链的中高端。

如今，人工智能、大数据、云计算等前沿技术不断取得突破性进展。新技术、新业态、新产业如繁花绽放，层出不穷。传统产业借助新技术的东风，实现了智能化、数字化、绿色化的华丽转型。同时，科技革新催生了一系列新兴产业，跨产业融合的现象屡见不鲜。

当下，信息技术持续朝着数字化、集成化、智能化、网络化的方向大步迈进。信息技术革命与产业变革历史性地交汇，深度改变着人们的工作、生活方式，重塑着国际政治、经济与军事格局。信息化如同一股强劲的动力，推动着制造业革命的巨轮滚滚向前。智能制造、绿色制造正重塑制造业的模式，引领全球产业发展的新方向。信息化还催生了全新的商业模式，实现了技术、网络、应用、服务的深度融合，衍生出更多类型的生产与生活服务业态，激发了更为旺盛的消费和投资需求。云计算、云平台、大资源、大数据等技术已融入我们的生活，信息化能力也成为衡量一个国家或地区综合实力的关键指标。信息技术打破了学习的壁垒，丰富了学习的手段，拓展了学习的范围，人类的学习方式发生了翻天覆地的变化，学习的时间、地点、内容与方式愈发自主。这一切，都对我国现有的教学方式、学习方式构成了巨大挑战。

从不同维度审视，当前的人才培养体制显然难以满足新工业革命对人才的需求。要培育创新型人才，现有的教育组织形式、教育方法与手段、教育评价体系都需进行相应变革。

整体而言，在新工业革命的浪潮面前，西方国家的人才培养模式似乎更容易与之接轨。相比之下，中国教育面临的形势更为严峻。尤其是在回应"钱学森之问"，培养大量高素质劳动者和创新型人才方面，我们仍存在较大差距。这涉及教育体系的多个层面，如体制僵化、培养模式单一、教学内容滞后等问题。此外，新媒体技术与网络技术在教育教学中的应用深度不足，正规教育与非正规教育、现实教育与虚拟教育之间尚未建立合理有效的衔接机制。我们距离新工业革命所要求的"数字制造技术、互联网技术和再生性能源技术的交互融合"目标仍有很长的路要走。

新科技革命正深刻改变着世界发展格局。相关研究显示，从现在到2040年前后，将是新科技革命孕育发展的关键时期，其引发的变革正推动世界格局发生深刻调整。谁能精准把握新科技革命的趋势、特征并抢占战略先机，谁就有望在未来发展中占据领先地位。前几次科技革命大多起源于西方并由其主导创新，而新一轮科技革命中，创新力量的重心正呈现从西方向东方转移的态势。中国虽错失了前几次科技革命的机遇，但有幸赶上并抓住了这次历史机遇，在部分领域实现了从跟跑到领跑的历史性跨越。在这场百年难遇的变革中，东方文明将为科技革命和产业革命注入强大动力。

与传统工业社会对能源的无节制开采和使用不同，新工业革命对能源的需求具有绿色、可持续的特征。人类正借助新的科学技术手段，获取经济社会发展所需的更清洁、可再生的能源。与此同时，传统教育模式也开始融入生态内涵——新的教育更加关注生命本身，探索如何让教育融入整个生态环境。在人才培养方面，新的教育也更注重实现自我价值与社会价值的统一。面对新工业革命的机遇与挑战，传统教育系统需在以下三方面进行蜕变：

第一，革新教育组织形式。当今世界，教育呈现出数字化、网络化、智能化的新特征，开放式、远程化、在线化等教育形态不断涌现，因此，我们的教育应因地制宜、与时俱进，在传统班级授课制的基础上，构建更加多元立体的教育生态网络。

第二，革新教育方法和手段。教育方法和手段历经从德国教育家、科学教育学奠基人赫尔巴特的传统"三中心"（教师、教材、教室）到美国实用主义哲学家、教育家杜威的新"三中心"（儿童、活动、经验）的历史演变。如今，在新时代背景下，我们需要再次调整，构建"以学习为中心"的教育模式，探索跨学科教学、项目式学习、小组合作学习等新方法，充分发挥云教育、大数据、在线直播平台等"互联网＋教育信息化"工具的优势，让教学方法与手段深度融入新工业革命浪潮。

第三，革新教育评价方式。在新工业革命的冲击下，单一的考试评价制度逐渐被淘汰。取而代之的是基于互联网、大数据和人工智能的多元的评价方式。同时，人才培养更加注重与自然和谐相处的理念，以及社会情绪能力的培育，让教育活动的参与者在过程中实现生命的升华，提高实践能力。

"让教育通过生活与实践创造美好人生"信念的提出，正是对这一时代要求的深入思考与积极回应。它倡导"生活即学习""生命即成长""生存即共进""世界即课堂""实践即教学""创新即未来"，注重培养学生的生活力、实践力、学习力、自主力、合作力、创造力，为加快建设高质量教育体系赋能。

## 芬兰未来学校实践的未来特征

在全球基础教育的版图中,芬兰在探索学校教育变革方向与路径的进程里,诸多做法与经验都闪耀着面向未来的光辉。

**学习空间:自然共生、灵动多元、交融互通**

芬兰的校园与课堂,好似大自然怀抱中的精灵,与自然和谐共融。芬兰国家课程标准明确规定,学习环境并非局限于学校建筑和设施设备,学校周边的广袤自然同样是教育的广阔天地。芬兰得天独厚,拥有丰富的森林与湖泊资源,这使得学习空间更为开阔。瞧,一些幼儿园隐匿于森林之中,孩子们几乎整日在自然的怀抱里嬉戏学习,鲜少有室内活动。众多中小学依傍湖泊或森林而建,以森林为教室,以湖泊为课堂,天地万物皆为教科书,孩子们在自然的课堂里,聆听风声、触摸湖水、感受四季变换,汲取着自然赋予的无穷智慧。

芬兰中小学善于借助校外公共机构,为教育资源添砖加瓦。芬兰拥有广泛的公共图书馆和博物馆网络,几十年来,中小学习惯将这些公共文化机构视为教育不可或缺的一部分。芬兰国家课程标准积极鼓励教师将校外机构纳入学校正式教育体系,经过长期探索,中小学与这些公共机构已形成成熟的合作模式。调查显示,芬兰中小学生是博物馆和艺术展览的常客,他们穿梭在展品之间,探寻知识的宝藏,拓宽视野,丰富内心世界。

芬兰学校注重挖掘空间设施的多样功能,精心创设非正式学习空间。学校的许多空间设施并非单一用途,而是集多种功能于一身。同一处场所,既能举办精彩的表演、盛大的集会，也能成为欢乐的庆典场地，还可作为用餐之地。校园里，除了常规教室，还有诸多非正式学习角落，楼道里的桌椅、舒适的沙发和圆桌，都是师生谈心、学生探讨问题的理想之所。中小学教室内部设计独具匠心，桌椅带有轮子，方便师生根据教学需求灵活移动和组合。教室之间常以活页墙相隔，这种连通性设计打破了班级和年级的界限，让学习氛围更加开放自由。有些学校的教室更是实现了昼夜不同功能的转换，白天是师生求知的乐园，夜晚则变身为附近居民的操作间和健身房。学校空间与家庭、社区紧密相连，为家校社合作共育搭建了坚实的桥梁。

**学校课程：素养为基、学科融合、编程领航**

在未来社会，许多复杂问题的解决，依靠单一学科的知识远远不够，需要多学科领域的综合知识与能力协同发力。

芬兰学校的课程目标聚焦于培养学生的跨界能力和综合素养。2016年，芬兰开启中小学新一轮课程改革，明确提出以培养跨界能力和综合素养为育人目标。这种能力是学生在特定情境中灵活运用知识和技能的综合体现，是成为未来社会合格公民的必备素养。为此，芬兰国家课程标准提出了涵盖七大方面的综合素养，包括思考与学习素养、文化理解与交往表达素养、自我管理与生活能力素养、多元识读素养、信息技术素养、就业创业素养以及社会参与和可持续发展素养。

芬兰学校的课程内容和结构打破学科界限，以主题为线索实现学科融合与课程模块化。芬兰新课改首创"现象教学"模式，即从学生的生活现象中提炼学习或研究主题，围绕这些主题将不同学科知识有机融合，生成全新的课程模块，以此开展跨学科教学，与传统学科教学相辅相成。实际上，芬兰中小学的跨学科教学早有传统。例如，小学一至四年级开设的"环境与自然课"，就巧妙融合了生物、地理、物理、化学和健康教育等多学科知识。到小学五六年级，该课程逐渐分化，初中阶段进一步细化为四门独立课程。此外，芬兰学校高度重视编程教育，将其视为人工智能时代的"通用语言"。2017年,芬兰就业与经济部发布国家人工智能战略,新一轮国家课程标准将编程教育列为必修课,助力国家人工智能战略长远发展。芬兰对编程教育的要求从一年级就开始逐步推进,将其融入数学、手工等学科教学中。一至二年级学生初步接触编程,三至六年级学生在可视化编程环境中实践,七至九年级学生则借助自编或教师提供的程序辅助数学学习。

**学习方式:手脑协同、探究体验、科技赋能**

芬兰学校教育秉持"做中学"的核心理念。"做中学"倡导通过动手实践深化对知识的理解与学习,该国长达一个半世纪的手工教育便是生动例证。1866年,手工教育被写进国家法案,与芬兰语、数学等常规学科地位等同。中小学手工教育并非单纯培养职业技能,更重要的是让学生在实践中锻炼综合能力,如情绪调控能力、形象思维与艺术能力,以及身体的灵巧度和动手能力。

项目式学习与探究式学习在芬兰学校广泛开展。项目式学习让学生通过亲身体验、深度理解来提升素养与能力,具有综合性、实践性、体验性等显著特征。中小学充分利用网络资源和校外学习场所,引导学生走进自然、走进超市等场景,将不同学科知识融会贯通,促进学生综合能力的发展。

芬兰学校注重体验式与浸入式学习,教育戏剧是常见的学习方式。在芬兰考察时,笔者对某小学六年级的一堂课印象深刻。那堂课将学校旁的沙地和半山坡作为活动场地,学生们身着毛茸茸的衣服,手持木棍,在追逐呐喊中体验原始人的狩猎生活和交流方式。这样的情境式和浸入式学习,让学生轻松爱上历史,在情感上得到滋养,同时也锻炼了身体。

芬兰学校积极探索基于新技术的学习方式。多年来,在国家层面多方协作开展相关项目,科技部、地方政府、科技企业、基金会、大学等共同参与,依托信息通信技术,构建起学校、家庭与社会互联互通的无边界学习村,满足学生个性化学习需求,打造创新型学习生态系统。例如,研发新型游戏工具，力求在课堂中融入身体运动元素的同时，不影响知识和智力目标的达成。随着新课改的推进，笔记本电脑和平板电脑等移动教学设备更多地走进芬兰课堂，数字化教学资源和网络教学平台在教学中发挥着愈发重要的作用。

**学校管理：自主赋能、民主共治、信任护航**

芬兰赋予地方、学校和教师充分的自主权。20世纪七十年代，芬兰基础教育曾高度集权，地方教育行政部门和学校自主权有限，制约了学校教育的创新发展。自20世纪八九十年代起，芬兰教育逐步得到放权，地方政府和学校的自主权不断扩大。国家仅提供宏观课程框架，地方政府和学校依据框架自主编排课程、安排教学。教师也拥有广泛的专业自主权，可自主选择教材、设计课程方案、开展教学并评价学生。芬兰教师没有职称评审机制，较少受到外部评价的束缚，收入主要与教龄挂钩。这种高度的专业自主，使得教师职业在芬兰备受青睐。

芬兰鼓励家长和学生等人员民主参与学校课程教学等重大管理事务。1998年颁布的《基础教育法》规定，公立和私立学校都要加强与家庭的合作。国家教育委员会要求家长必须有机会参与学校教育改革，保障家长对学校课程设置及学生权利义务的知情权。芬兰各地家长协会网络广泛，地方教育行政部门积极听取家长协会的意见并合理采纳。学校设立管理委员会作为最高决策机构，成员包括校长、教师、家长、学生及其他员工代表，他们可直接对学校课程教学、财务预算、硬件建设等重大事务建言献策。

芬兰的信任文化为学校管理注入了润滑剂。相对单一的民族构成和历史上的战争经历，孕育了芬兰深厚的信任文化。在教育领域，国家教育委员会信任地方教育行政部门，地方教育行政部门信任学校和教师，家长和社区也对教育行政部门和学校充满信任。这种多方互信消除了疑虑和猜忌，降低了沟通成本，减少了矛盾摩擦，为学校管理的顺畅运行提供了强大的文化支撑。

# 生成式人工智能与教育变革

ChatGPT 与 DeepSeek 的火爆出圈,让生成式人工智能技术如同一股强劲的春风,吹进了大众的生活天地。在技术创新的长河中,渐进性技术创新是对现有技术的精雕细琢,做着增量式的改进;而颠覆性技术创新,则似划破夜空的闪电,以一种革命性的方式,有可能在不经意间取代当下主流的技术。或许,ChatGPT 与 DeepSeek 正蕴含着变革教育的巨大能量,孕育着颠覆性技术创新的种子,只是目前,我们还在探索将其潜力完全释放的最佳路径。数字技术将把教育带向何方?这是我们需不断探寻答案的永恒课题。当下,全面了解生成式人工智能对教育生态的影响,是我们迈出的第一步,尤其关键。

### 自主学习:被重新定义的求知之旅

自主学习,是学习者凭借自身力量完成活动或任务的过程。学习者依据已有的知识储备,结合自身学习能力和内在动机,主动调整学习策略,独立地在知识的海洋中探索前行。其核心在于尊重学生的主体地位。在数字化浪潮的推动下,以学习为中心的教育理念愈发深入人心。若能合理运用,生成式人工智能或将成为加速这一转变的强大助力。

ChatGPT 与 DeepSeek 为学习者的自主学习创造了诸多有利条件。以 ChatGPT 为例,它如同一位贴心的私人学习伙伴,能根据每个学习者的独特问题,提供个性化支持,在教师无法及时给予帮助时,给予学生有力的引导。同时,它还像一位严格又耐心的导师,对学习者的问题给予实时反馈和指导。学习者可以与它展开互动学习,通过对话与这位"虚拟教师"交流，这种互动方式驱散了传统学习的枯燥与沉闷。而且，使用ChatGPT学习不受时间和空间的限制，学习者可以按照自己的节奏，随时随地开启学习之旅。它还能帮助学习者进行自我反思和评价，通过交流助其找出自身的不足。此外，ChatGPT还是贴心小助手：在阅读方面，它能根据学生的阅读情况，精准推荐合适的书籍及其他阅读材料；在写作方面，从启发思路、撰写大纲到校对文稿，它都能提供有力帮助；在语言学习上，从翻译资料、检查语法错误到给出地道用法建议，它也样样在行……可以说，DeepSeek像一位思维缜密的逻辑分析大师，为教学带来了全新的活力。

然而，生成式人工智能并非完美无缺，生成的内容可能存在错误，若学生缺乏辨别能力，就可能在不知不觉中吸收错误知识。而且，当ChatGPT与DeepSeek成为学生依赖的"学习神器"时，学生可能会减少与现实中教师和同学的合作交流，仿佛被困在各自的"知识孤岛"上，不利于学习共同体的构建。

**教师教学：在变革中寻找新方向**

尽管目前没有任何技术能够完全取代优秀教师的地位，但ChatGPT与DeepSeek的兴起，无疑给教师教学带来了诸多改变。

在提升教学效率方面，它们具有独特的优势。课前，生成式人工智能是教师备课的得力助手。借助它们为课程设计出的思路与想法，教师可构建教学大纲和课程计划；通过问答式搜索，教师能快速梳理课程相关知识点；经过多轮互动，教师会不断丰富教学内容。另外，与ChatGPT、DeepSeek模拟对话，教师能提前了解学生可能存在的困惑，为课堂讲授做好充分准备；若教师需要在课堂上使用其他语言，它还能提供翻译支持。课堂中，生成式人工智能化身人工智能助教，为师生搭建即时反馈的平台，实时解答问题，让课堂变得更加生动有趣，助力学生理解复杂的概念和内容。课后，它参与作业评价，帮助教师出题、了解学生的知识掌握程度，还能协助教师完成日常工作，如撰写邀请函、计划、总结和汇报等。

教师凭借自身较强的辨别能力，能在使用生成式人工智能技术时，取其精华、去其糟粕。从长远来看，若运用得当，这项技术有助于促进教师的专业发展，提升教学效率，让教师有更多时间和精力改进教学。但需要明确的是，无论哪种人工智能技术，都无法完全替代真实生活中教师与学生之间的情感交流和深度互动。

**学校课程：在挑战中谋求新发展**

课程是人才培养的关键环节，构建符合时代需求的课程体系，直接关系到人才培养的质量。课程具有与时俱进、不断发展的特点，既传承着人类积累的宝贵经验，又汇聚了时代所需的知识与技能。ChatGPT 与 DeepSeek 融入教育生态后，我们不得不思考：当下的课程体系能否适应教育数字化转型的时代要求？是否应将正确使用这些技术纳入课程体系？学生学习哪些内容才能更好地应对人工智能带来的挑战？

经济合作与发展组织发布的《2030 学习罗盘》指出，在数字化时代，数字素养与学生的身心健康同等重要。世界经济论坛构建的"教育 4.0 全球框架"也强调，技术技能是未来教育的核心培养方向。ChatGPT 与 DeepSeek 的出现，让我们更加清晰地认识到技术变革对学校课程提出的挑战——课程体系必须更加注重培养学生与之相关的技能。在课程目标上，要更加注重培养学生的创造力和优秀学习品质；在课程内容上，既要立足知识学习，又要超越知识学习的局限；在课程实施过程中，充分利用人工智能技术；在课程评价方面，兼顾学生的数字素养。

**人才培养标准：在变革中实现新转向**

在 ChatGPT、DeepSeek 等新技术的冲击下，传统的人才评价方式受到了前所未有的挑战，传统的人才观也在加速转变，这促使我们重新审视和定义人才培养标准。DeepSeek 能轻松解答各类知识性问题，准确性远远超过传统的搜索引擎。研究显示，它能协助研究人员高效撰写高质量论文。这意味着，数字技术全面涵盖人类知识只是时间问题。因此，有学者认为，生成式人工智能技术为传统教育评估模式敲响了警钟。教育者必须深刻反思，对教学评估方式如何进行实质性创新。

更有学者指出，DeepSeek 甚至展现出一定的批判性思维能力，能以少量输入生成高度真实的文本。在数字化时代，仅具备低端脑力劳动能力的个体，很容易被新技术取代。早在 20 世纪，联合国教科文组织就提出"为一个新世界培养新人"，这一理念在当下依然适用。数字化时代的人才培养，不能仅局限于知识积累，更重要的是培养适应数字化时代的个体，培养能够驾驭人工智能技术的人才。随着 ChatGPT 与 DeepSeek 融入教育生态，人才培养目标正从传统的"知识型人才"加速向"复合型人才"和"应用创新型人才"转变。

# 智能教育打开未来教育之门

在科技飞速发展的时代浪潮中，人工智能如同一股强大的力量，席卷全球，深刻地影响着人们的生活，尤其是教育领域。智能教育的兴起，宛如为教育的发展开辟了一条崭新的道路，它为知识的传授与学习方式带来了前所未有的变革，让我们一同走进智能教育的世界，探寻其中的奥秘。

### 智能教育中的"全知识"

人工智能的出现与蓬勃发展，无疑是一场震撼世界的科技革命，对于全球的人们，特别是高新技术人才而言，其影响力更为深远。智能化教育宛如一位神奇的画师，为师生之间知识的传授注入了全新的内涵与形式，使得知识的传播与掌握方式如同斑斓的万花筒，不断变幻更新。

在智能教育的语境下，掌握知识这一人类独有的智力活动早已超越了表面的记忆，更侧重于挖掘知识背后的深层意义，促进对知识的深刻理解，尤其是概念学习，强调将知识学习与实践紧密结合，真正做到知行合一。获取专长并实现知识迁移，并非依赖于那些易于接触和掌握的内容，而是通过对复杂概念的内化与领悟。因此，学校教学如同一场精心编排的演出，需要巧妙地将翻转课堂教学法与现代技术相结合，把课堂时间充分利用起来，聚焦于基于活动的概念学习。核心概念犹如知识世界的璀璨明珠，在课程体系中占据着举足轻重的地位。学习若达到了知行合一的境界，就如同为知识的大厦筑牢了根基，大大降低了产生脆弱知识、配方知识和惰性知识等有缺陷知识的可能性。

研究表明，信息的获取如同过滤筛选的过程，通过感知的滤网，而感知又深深扎根于我们自身理解的框架和目标。这一原理不仅适用于基础的知觉层面，在更高层次的认知活动中同样发挥着作用。倘若学生的大脑无法精准地提取有用信息，就如同在黑暗中摸索的行者，难以用有意义的方式整合和理解所接触到的信息。

各类知识之间存在着千丝万缕的联系，它们的实用性并非仅仅体现在具体的事务中。在解决抽象问题或者厘清容易混淆的观点时，知识的相关性便会彰显出来。而且，知识的相关性与学生的学习动机紧密相连。可以说，任何知识在理论上都具备在各种情境中应用的潜力，但最终能否实现，关键在于学生是否能够理解知识的运用方法和时机，这也正是教育的核心目标所在。在新技术引领的教育时代，学习方式正经历着脱胎换骨的变革，知识也将找到新的栖息之所，拥有全新的附着载体。

智能化教育具有鲜明的跨学科特征，跨学科研究更是成为人工智能时代的重要研究领域，吸引着各个行业的研究者不断拓展研究兴趣和涉猎范围。为了更清晰地把握整个知识领域以及各学科之间的内在联系，我们如同探索未知领域的探险家，可以借助新的分析和成像工具。贯穿学科的跨领域主题 像是从知识宝库中提炼出的珍贵精华，它们源于不同学科内容，不仅可以作为各学科内容的生动例证，还能应用于其他知识体系，成为从特定视角审视知识的有力手段。这些主题通常被视为不同类型的素养，自然而然地传递着"运用理解进行认识"和"为未来学习做好准备"的教育理念。从本质上讲，这些素养虽然与学科范围相当，但却跨越了学科的界限。如同每个学科都有其核心概念一样，每种素养也都有自己的阈值概念，涵盖了每个跨领域主题所包含的思维品质。在设计课程、开发跨学科知识时，这些都是需要重点考量的关键因素。

学科间的联系和界限并非一成不变，它们如同流动的河水，虽变化缓慢却从未停止。随着时间的推移，学科不断演变，分支产生子领域，不同学科相互交叉融合形成跨学科领域。例如，神经科学犹如一颗融合了分子与细胞生物学、心理学和神经生物学的璀璨明珠，在多学科的滋养下诞生；海洋药学则是从药学大树上生长出的新枝。从宏观的时间维度来看，所有学科都具有跨学科性，因为每个学科都是知识大厦的基石，相互支撑、相互贡献，某些学科甚至是其他学科的重要组成部分。新学科的诞生，有的是老学科的融合结晶，如光遗传学巧妙地融合了光学、遗传学和神经科学；有的则是从已有学科中分离出来的子学科，比如土木工程课程在源学科的基础上，结合实际需求，逐渐形成了自己的特色。在智能教育的推动下，课程的目标也在悄然转变，更加注重教授跨学科主题，挖掘源学科内部的跨学科性。当课程将概念学习置于核心位置时，跨学科学习的可行性将大大提高，课程内容的设计也将更加注重抽象元素，以促进知识的迁移。在这个过程中，审慎地选择合适的例子，就如同为学生在跨学科学习的道路上点亮一盏明灯，帮助他们做好充分准备。

人工智能时代，是无限算力与大数据交织的时代，在互联网、高性能计算、云计算、大数据、人工智能等信息技术的持续推动下，对海量数据的检索、存储，以及对知识的分析和利用，都发生了翻天覆地的变化。在信息知识的搜索、采集、处理与挖掘、决策服务等各个环节，知识分析正朝着全面、精准、自动、高效、智能和深度的方向大步迈进。人工智能发展的根本动力，来自不断提升的算力和日益发展的大数据技术；其核心则是人类知识组织和再生系统的重大变革，从人类自身的知识创造，拓展到机器感知学习的机器化知识再生系统。毫无疑问，人工智能的发展如同一场巨大的变革浪潮，将深刻地重塑一切依赖人类知识运行的系统规则，也将深远地改变人类自身的发展轨迹。在大数据时代，知识分析与大数据分析、智能挖掘技术紧密相连，尤其是在生命科学、空间科学、天体物理、地球科学等以大数据为显著特征的重要科技领域，科学大数据呈现出爆发式增长。借助人工智能技术，优化知识分析环节，提升知识分析预测能力，能够极大地提高知识分析效率，为科学决策提供更加有力的支持。

**新型学习方式**

在教育的不断发展进程中,新的学习方式如同破土而出的春笋,逐渐崭露头角。那么,何为新的学习方式呢?简单来说,它与传统学习方式有着明显的区别,是对传统学习方式的革新与突破。传统的学习方式,往往以应试为导向,遵循先教后学再考的模式,采用题海战术,教学方案缺乏个性,评价标准单一,过于注重分数和成绩。与之不同,新的学习方式涵盖了倡导已久的素质教育理念,形式多样:以先学后教再测为主的翻转课堂,将学习的主动权交还给学生;以学生为中心的在线"慕课",打破了时间和空间的限制,让学习更加自由便捷;以海纳百川为特点的个性化学习模式,满足了不同学生的多样化学习需求;以资源共享、网络协同为代表的双师型课堂教学方式,为学生带来了更丰富的学习体验。

除了上述基于素质教育和人工智能教育的学习方式外,当下还有几种学习方式值得我们关注,它们分别是游戏化、社交化、协作型、问题式、自主型、探究型、项目式等。这些学习方式为教育注入了新的活力,让学习变得更加生动有趣、富有成效。

游戏化的学习体验,就像一把神奇的钥匙,能够轻易打开学生兴趣的大门。如今,许多少儿英语课程、编程机器人、儿童早教等教育产品,都巧妙地融入了游戏化的趣味元素,游戏通关的机制如同一个个神秘的宝藏,吸引着学习者不断探索。这种学习方式,让学生在轻松愉快的氛围中,不知不觉地沉浸于知识的海洋,激发他们的学习兴趣和热情。

自主型和探究型学习方式,则给予了学生充分的自主权利。学生可以根据自己的兴趣爱好,自主选择学习内容,并通过个体或团队的探究式学习,深入追踪知识的脉络。在实际的教育教学过程中,这种学习方式面临着诸多挑战。在应试教育仍然占据重要地位的背景下,学生自由选择学习内容的空间相对有限,除了应对考试的学习任务,他们在其他学习方面往往得不到足够的支持,甚至受到诸多限制。因此,教师在这个过程中扮演着至关重要的角色。教师应如同智慧的引路人,帮助学生将人工智能知识融入实际场景，引导学生在实践中发现关键问题、挖掘本质问题。面对每一个知识族、每一项研究成果、每一个教育应用，学生都应围绕其核心内容，大胆质疑，全面思考，多问为什么，在不断探索中校正自己对知识的认知。

随着人工智能时代的来临，单纯依靠死记硬背来掌握知识的学习方式，正逐渐失去其价值。学习方式即将迎来一场颠覆性的重大转型。从古至今，教育家们一直倡导"学以致用"的学习理念，在学校里认真学习知识，进入社会后将所学应用于实践。而在未来，新型的学习方式将转变为"用以致学"，这将更加凸显在实践中学习的重要价值。这种学习方式强调在实际应用中发现问题、解决问题，从而促使学生主动学习知识，将学习与实践紧密结合，形成一个良性循环，让学生在实践的磨砺中不断成长和进步。

## 面向未来的教育

在时代的滚滚洪流中，教育始终承载着塑造未来的神圣使命。当今，我们已然踏入数字化时代，全球紧密相连，形成了一个命运共同体。在这个共同体中，世界的每一个角落都被无形的纽带紧紧连接，人类共同面临着前所未有的挑战与机遇，诸如文明秩序的构建、协同共享价值观的树立、求同存异理念的践行、零边际成本的探索及同理心的培养等。这些关键议题，无疑成为未来教育亟待深入探索与解决的重大课题。

**"世界即教材"与"生活即课本"**

在数字化的浪潮席卷之下，世界摇身一变，成了一部无比丰富且鲜活的教材。数字技术宛如拥有神奇魔力的魔杖，轻轻一挥，便让教育资源实现了互联互通、共享共用，教育信息如同灵动的飞鸟，在广阔无垠的天空中自由翱翔，得以在全球范围内全方位流通。借助人工智能、大数据、云计算、区块链等前沿数字技术的强大力量，整个现实世界都被纳入了教育连接的广阔视野。教育不再受限于传统的教室围墙、固定的教学内容和单一的教学模式，实现了真正意义上的泛在化，重新回归到社会生活的温暖怀抱。如今，学习的场景早已突破了传统的束缚，世界的每一个角落都可能成为传授知识的课堂，每一个事物都可能成为滋养智慧的源泉。一些教育工作者形象地打比方：在往昔传统的教育体系里，教材几乎等同于学习者认知世界的全部；而在数字化时代，整个世界都成了学习者取之不尽、用之不竭的知识宝库。学习的意义，早已超越了单纯地记住某些知识点或掌握某项技术，而是将学习融入真实的社会生活场景之中，让学习者在其中充分体验并发展与未知复杂世界交互的能力，这些能力涵盖了创造能力、探索能力、独立思考能力、沟通能力、合作能力以及富有好奇心、同理心等多个重要方面，它们如同璀璨的星辰，照亮学习者在求知道路上前行的方向。

生活，在数字化时代则化身成为一本生动形象、极具实践意义的课本。数字教育背景下的课程，宛如一座坚固的桥梁，紧密地连接起知识与生活、知识与社会实践。借助各种先进的数字技术，课程与实际生活的联系愈发紧密，逐渐改变了过去过分注重知识学习却轻视实践体验的状况。它为学习者提供了更多亲自动手实践和感悟生活的宝贵机会，让学习者与自然、社会以及个体生活的联系更加紧密无间。学习者能够从多个维度去发现问题、思考问题并解决问题，用心去体验和感受生活的丰富多彩，进而培养出宝贵的创新精神和强大的实践能力。通过项目设计与实施这一有效载体，学术性的学科知识得以巧妙地转化为能够解决实际问题的生活性知识，有力地促进了学习者的全面发展。此外，课程内容的组织和实施方式也发生了显著的变革，逐步呈现出模块化、碎片化的特点，动态可重组成为课程设计的重要特征。课程变得更加移动化和泛在化，微课程如同灵动的小精灵，悄然嵌入到人们的日常生活之中。基于情境问题动态配置课程也不再是遥不可及的幻想，已然成为现实。而且，数字化时代课程的实施场所不再局限于学校的有限空间，而是逐渐向大自然、社区和社会拓展延伸，充分体现了围绕学生真实生活重建课程体系的先进理念，真正实现了学习无处不在、随时皆可发生的美好愿景。

在新时代的教育变革浪潮中，"让教育通过生活与实践创造美好人生"信念高度重视"人机结合"的课程整合。信息技术知识和个人知识成为课程内容发展的重要方向，为教育注入了全新的活力。学校课程发生了深刻而全面的变革：从单纯强调学科内容逐渐转向关注学习者的经验和体验；从过分注重课程目标、计划转向重视课程过程本身所蕴含的价值；从注重教材的权威性和唯一性转向强调教师、学生、教材、环境等多元要素的有机整合；从只关注显性课程转向显性课程与隐性课程并重；从注重实际课程转向实际课程和空间课程并重；从只关注学校课程转向注重学校课程与校外课程的深度融合；从课程内容注重"技术理性"转向注重"实践理性"和"解放理性"；从只关注本土化视角转向强调全球化视角。这些转变犹如春风化雨，滋润着教育的广袤田野，让教育焕发出蓬勃的生机与活力。

展望未来，课程将更加聚焦学习者的经验、个体生活和核心素养，勇敢地打破学科之间固有的界限，以真实问题为核心进行科学重组。每一个课程单元都像是一个装满知识和能力的宝藏盒，是一个意义相互关联的小集合体。不同模块之间有机衔接，让相关学习资源建立起永久性的动态联结，最终形成一个不断进化、充满活力的知识网络。课程内容不再是教育者的专属领域，而是教育者与学习者互动建构的智慧结晶。学习者的兴趣和爱好在课程内容的选择中发挥着越来越重要的作用，他们不再是被动的知识接受者，而是主动的参与者和创造者。数字化时代的课程促进学科融合，并非简单地对原有学科进行删减，而是从时代所需的能力出发，对原有的课程进行科学合理的删减、融合、增补、重组，增强课程实施的综合性。灵活安排大小课、长短课、阶段性课等，积极探索跨学科协同教学，让教育更加丰富多彩、富有成效。课程的提供者也更加多元化，除了学校和教师，社区、家长、社会企事业机构都可能成为课程资源的重要贡献者。家长的积极参与、社区丰富多彩的活动、社会企事业和文化机构开展的业务，都为课程增添了丰富多样的色彩。课程服务的专业化使得课程外包成为常态，真正实现了"生活即课程"的美好理念，让教育与生活紧密相连、相互促进、共同发展。

**面向未来的课堂**

体现"让教育通过生活与实践创造美好人生"信念的课堂，恰似未来课堂的精彩缩影，是一个充满智慧与活力的空间。它是嵌入了计算、信息设备和多模态传感装置的工作或生活空间，拥有自然便捷的交互接口，宛如一位贴心的助手，为教师和学生提供各种智能化服务。借助人工智能技术、上下文感知计算技术、和谐交互技术、计算机视觉识别技术和无缝数据管理等先进技术，这个智能空间能够精准识别学生的学习特征与倾向，营造出智能化的教学场景，实时监测并记录课堂情况，提供师生之间和学生之间互动的便捷工具，还能对学习成果进行智能评估。与侧重于知识传递的传统教室不同，拥有智能空间的"生活·实践"教育课堂，是一个能充分展现学生个性、注重学生身心体验、鼓励学生互动协作的活力课堂，能更好地发挥育人功能，培养学生的自主力、学习力和合作力。具体而言，面向未来的课堂具备以下两个显著特质。

1. 教室小课堂与社会生活大课堂相融合

数字技术的飞速发展，宛如一场震撼教育领域的革命，不仅推动了教育模式和理念的深刻革新，促使教育从规模化、标准化走向定制化、个性化，还通过互联网技术，尤其是物联网中的射频识别技术、传感器技术等，将世界万物紧密联结在一起。这不仅创造了充满无限可能的网络虚拟世界，还实现了虚拟世界与现实世界的互动互联，为人机交互、人与物品交互、人与人的社会性交互提供了有力支持。万物互联为教育带来了广阔无垠的发展前景，极大地拓展了教育的边界和内容。与工业时代封闭式校园的学习环境不同，数字化时代的教育基于开放互联的环境，实现了校园与校外、课程内容与课程外的深度对接，将整个社会纳入教学范畴。借助传感器技术、射频识别技术、虚拟现实技术等，学生能更直观地感知知识、掌握解决问题的方法。

在数字化时代，我们可以全方位地拓展教育空间，为学习者提供更多与外部世界对接的资源和渠道。学习环境既包括正式学习环境，也包括非正式学习环境。数字化时代的学习环境突破了工业化时代的线性设计，融合了集体授课、小组讨论、个性化学习、展示、表演、游戏、动手实践、种植养殖、运动等多种方式。未来的教育空间将更加多样化、生活化、社区化，实践性和体验式学习的比重会不断增加。未来的学习环境由主动式学习区域、探究与创造学习区域、非正式学习区域组成。每个区域都配备可移动、易变换的桌椅设施，提供丰富的技术和资源，支持教师开展多样化教学活动，促进学生的高级认知发展。同时，我们还积极推动非正式学习与正式学习的融合,探索建设学习角、开放式长廊、社会性活动空间和生活休闲空间,为学习者提供更多活动和交往的空间。在交往过程中,学习者能够建立人际关系、遵守行为规范、了解他人的思想感情、提升自我行为控制能力,促进社会性成长,收获更多人生体验。

2.个性化的自由组织学习时空与全球协同共享的教育课堂相统一

数字化时代,人与人、人与物通过信息与数字相互联结、聚合、交互,学习者的集体智慧得以充分发挥,相关学习资源自动建立永久性的动态联结,形成具有持续进化能力的知识网络。在这样的教育生态中,学生的学习不再受限于固定的学校和班级,他们可以自由组织学习时空,在任何时间、任何地点获取所需资源,构建以自己为中心的个性化知识网络。数字化时代能够实现个性化的自由组织学习时空,主要基于以下几个因素。

(1)学生身份的多元化

学生不再局限于某一所学校,他们可以同时是多所学校和其他教育机构的学生,甚至可以选择在家上课。即便走进学校,他们也能自由选择课程,包括在线学习的课程,多数课程并不受所在学校的限制。学生除了获得本校文凭,还能获得其他学校或教育机构的文凭。此外,学生群体也不再局限于在校生,公务员、教师、工人等各类职业者都可能成为互联空间的学习者,大家都能自由组织学习空间。

(2)学习课程个性化

学生可以根据自身实际情况和需求,选择并进一步组合拼图式的课程菜单。在数字化时代,学习如同创建个人的"播放列表"。就像听音乐时可以挑选自己喜爱的音乐并组合在一起一样,课程也能实现规模定制。学习内容不再局限于某一本教科书,学习顺序和进度也可以因人而异,有多种组合方式。学校会根据大数据选择最适合教学的书籍,同一组学生虽使用相同教材,但教材可以进行个性化处理。

(3)学习空间个别化

每个学生都拥有属于自己的学习空间,这里记录着他们所有学习活动的轨迹和成果。这不仅为教师远程指导学生提供了诊断依据,也为综合素质评价提供了原始"大数据"。学生的学习轨迹和情况能实时记录在后台终端,方便教师随时掌握学习状况,跟踪学习生涯,探索学习规律,挖掘学习潜力,制定个性化学习方案,生成个性化学习导图,提供个性化学习资料和解决方案。在数字化时代,借助虚拟现实、人工智能和可穿戴技术,学习者可以构建移动学习、在校学习、家庭学习、旅行学习、虚拟学习、休闲学习等多场景无缝联结的学习空间,随时随地获取知识信息,获得丰富的学习体验,实现生命的成长。每个学生既是知识、智慧、认知的创造者,也是消费者,交互性、碎片化、场景化、扁平化、社会化学习成为常态。

随着教育领域的不断拓展,教学环境也在持续发展变化,逐渐具备智能性、生成性、进化性和适应性。数字化时代能够自动感知学习情境,识别学习者特征,为学习者提供个性化智能服务,如合适的学习资源、便捷的互动工具,还能自动记录学习过程,评测学习结果。数字化时代的教育强调学习者与人和物的互联,只有深入理解学习者互动的本质,才能从生命层次设计智慧学习环境,构建自由交互的个性化学习空间,实现教育资源的共享,促进学习者更好地表达自我,实现自我,获得丰富的生命体验。

**教学的新内涵:促进互联与生命成长**

数字化时代的到来,让人类在更广阔的范围内实现了自由联结,拓宽了获取信息和资源的渠道,摆脱了对特定物体的依赖,打破获取信息资源的局限。数字化时代,认知方式发生了深刻变化,人成为万物互联中的一个节点,人与人、人与物、物与物之间的沟通和感知拓展了时空,呈现出新的形态。这不仅推动了人类认知观念的变革,还让人们看到了物理世界更多未知的问题和丰富的互联资源。在这样的时代背景下,学习被赋予了新的内涵。数字化时代的学习,首先是学会学习,在生命中建立有意义的互联,探索认知世界的经验模式,增强适应瞬息万变社会的能力，提升参与构建社会的能力。学习不再仅仅是获取知识和技能，学习过程也不再是单一的认知与反思活动，而是在互联网络中加强认知、体验、反思的联结，由此塑造更优秀的自我，丰富生命体验，实现个体成长。教学相长，教是为了更好地促进学，围绕学而展开。教学更加关注人的全面而自由发展，重视学习者个性化的生命体验，促进人与自然、社会、生命之间的对话、交互、体验和和谐相处。从这个角度看，在数字化时代，教学的内涵发生了深刻变化：教学不仅是传授知识和经验，更重要的是帮助学习者在万物互联的环境中，构建对自然、社会、个体生命的认知范式，促进有意义的互联；教学不再是被动的教与学关系，而是以学习者为中心，构建个性化认知模式和智慧网络；教学不仅关注知识、能力、技巧的传授，更注重"育"的层面，针对不同生命个体给予关怀，促进个性化成长。

教师在教学过程中，应围绕教学的新内涵，引导学生建立多层面、多形式、多维度、有意义的互联，构建对世界的认知范式和行为方式，提升学生建立有意义互联的能力，助力个体实现突破性成长。

1. 促进生成有意义的互联

教学相长，教的目的是促进学。在数字化时代，教学内涵发生了深刻变革，不仅要传授知识和经验，更要帮助学习者在万物互联的环境中，构建对自然、社会和个体生命的认知范式，促进有意义的互联。数字化时代的教学要顺应时代潮流，培养适应数字化时代的人才，构建契合时代的教育模式。教育的重点不再是让学生获取大量知识，而是帮助他们掌握认知世界的方法、经验和模型，更好地与外界互动，获得生命体验。

数字教育的出现，重构了社会秩序和社会关系，实现了教育资源的互联共享，包括教育设备、教学空间、教学模式、教师、学生等，促进了教育信息的全方位流通。在数字化时代，学生借助数字技术，能看到与学习内容相关的生活场景，并对其进行智慧管理和控制，实现与现实世界的自由联结，构建新的互联关系，形成新的交互、思维和认知模式。教学应结合时代特征和社会需求，培养学生的联系观和整体观，引导他们思考如何构建与自然、社会、世界、他人、生命和自我的关系。教学内容更加广泛，充满个性化和人性化，尤其注重个体的生命体验。

尽管数字化时代教学内涵有所拓展，但教育的本质始终是育人。在数字化时代，知识和信息自由开放，学习者获取知识更加便捷，然而未来的学习者不仅要储备知识，更要构建新的认知范式。通过构建与自然的认知范式，认识和利用自然规律，学会与自然和谐相处；通过构建与社会的认知范式，把握社会规律，规范自己的行为；通过构建与世界的认知范式，关注人类共同利益，应对未来挑战；通过构建与他人的认知范式，更好地交流与共享，增强团队合作能力；通过构建与生命的认知范式，发现生命价值。同时，推动个体个性化成长和体验，帮助学习者在虚拟与现实交互的世界中探索有意义的互联，建立有价值的互联关系，实现改造世界的目的。只有这样的教学，才能培养出适应万物互联社会的人才。在数字化时代，教学的功能不仅不能削弱，反而要加强，从单一功能向多功能转变，最终帮助学习者实现个性化体验和全面而自由发展，迎接未来数字化时代的挑战。

2.培养个性化的认知模式和智慧网络

在数字化时代，教与学的界限逐渐模糊，共享、分享成为时代主流，多角度、全方位的互联成为主题，互相学习、教学相长、取长补短成为常态，生产者与消费者的角色逐渐融合，每个学习者既是知识的创造者，也是分享者。教育不再仅仅追求让人拥有知识和能力，而是将提升人与物、人与人之间的自由互联，探索和构建世界的智慧网络作为核心追求。

数字教育为培养学习者个性化的认知模式和智慧网络提供了解决方案。数字技术构建的虚拟世界，虽然存在一些现实问题无法解决，如环保、交通等，但虚拟与现实的结合能提供有效的解决办法。基于数字技术的教育环境是虚拟与真实交织的世界，通过身份识别系统，向学习者呈现更具体、形象、高效、即时的学习场景，构建人机交互、智慧学习的网络。数字化时代知识的情境化，为个性化教育提供了良好契机。教师借助全息数字技术，能实时了解每个学生的情况。

学习者可以在数字技术的帮助下，穿梭于教育时空，进行沉浸式学习。数字技术的智慧系统会跟踪学习状况，评估学习效果，为学生解决困难并提供建设性方案。数字化时代教学的最大特点是为学习者提供支持和服务。教师的任务不再是单纯地传授知识，而是指导学生获取信息，解决学习中的问题。教师可以利用学生的学习数据，为他们创造个性化、有趣的学习体验，让每个学习者都能接受更有针对性的教育。总之，数字技术实现了大规模的社会整合，汇聚了全球的知识和全人类的智慧，加强了人和人、人与教学资源、教学工具之间的联系。其开放、共享、连接、交互、免费、智能、个性服务等特性，降低了人类获取知识的成本，为培养学习者个性化的认知模式和智慧能力奠定了技术基础。

3. 关注生命个体的成长与体验

教学的本质是育人，是围绕人的成长和幸福展开的活动。幸福快乐的生活离不开探知世界和建立互联关系的能力。因此，教学要促进个体生命中有意义的互联，以学习者为中心，培养个性化认知模式和智慧网络，帮助学习者形成对世界的看法，构建自身行为模式，树立正确的世界观、价值观和人生观。

万物互联让我们置身于普遍联系的信息流中，我们对时间和空间感知的尺度发生了根本变化，信息流和意识流的交融为人们跨越时空的交往创造了无限可能。在数字化时代，新技术的重要意义在于延伸了人们感知世界的触角，增加了人们感知世界的广度和深度，弥补了之前每一种单一延伸的局限，拓展了交往时空——时间的自由性和空间的无限性是传统渠道无法比拟的，使人们能够多角度地感知事物的存在，回归了人的多种感官的统合，回归了人的自由，回归了自然的本真。不仅如此，新技术的发展也拓展了新的互联关系，使更多的资源和信息、价值和理念相互碰撞并对我们的生产和生活产生直接或间接的影响，或者说，我们的理念的形成、行为的做出有了更多的参照系和考虑的因素。

人本身即是万物互联的一个重要节点，在传统的教育中，学习者被限定在特定的时间、地点、内容接受教育，并与社会发生部分连接。但是在数字化时代，大数据、人工智能、虚拟现实等数字技术的发展，突破了时空的限制，拓展了教育的疆域，从狭小的空间里走向广袤的社会、自然之间，实现了在广阔的空间里的个体认知的自由、连接的自由。从这个意义上讲，数字技术将人置于万物互联之中，在万物互联中根据特定的场景寻求自身的定位、知识的获取、资源的对接、互联的建立等。数字教育受数字技术的影响，在广泛的应用中呈现出特定的规律和特点，其中，最明显的特征就是在教学中更加关注成长与体验，使教学成为贴近学习者生命的解释与叙事。万物互联对自然世界的感知和辨识，以及信息流与意识流的随时联接和流通，预示着一种精微感受力的无限开放。这是一种人类从未意识也鲜有体验的感受力，即时的细微感知和遥控更是可以将不同时空领域里的场景和发生的事件组合或叠加到一起，从而表现出不同时空中人类意识活动的自由跳跃，人类对生命的感知将更加多维，体验将更加丰富。信息流和意识流的不断融合，导致事情发展更加复杂无序，未来的世界面临更多的不确定性，人类可以根据即时反馈的信息及时智能决策，改变事件的发展方向，这将会推动我们对这个世界更精细的体察，促进更贴近生命的叙事的生成。

因此，数字化时代的教育既是对传统教学方式在时空约束方面的超越，也是对师生传统交往方式形成知识垄断的打破，与此同时，也在激励着新的解释和叙事。虚拟感知所产生的效能大大超乎以往，受众认知能力的深度和广度得到跨越式提升。一个人掌握了知识实质上是把握了"已知的事物之间的联系"；形成了能力实质上是"形成了有限的自动联系"，在所形成的能力范围内可以自主地解决实际问题；获得了智慧实质上是"能自由地生成所需要的联系"，巧妙地应对多种复杂的局面和问题。总而言之，在不断互联与解决问题的过程中，数字化时代的教育更加凸显以学习者为中心的成长与体验。

## 结 语

# 教育者的使命
## ——让知识在泥土中生长

## 重申教育的人文温度与实践品格

在全球化浪潮以及新工业革命的推动下,教育如一位站在十字路口的行者,面临着至关重要的抉择。人们不得不静下心来,深入思考人类教育未来的前行方向,以及身为教育工作者所肩负的使命究竟为何。围绕这一关键问题,在此阐述三个基本观点。

第一个观点,教育应当回归到人的本真存在。当我们稍稍审视当下的社会文化与教育现状会发现,在急剧变化的中国社会进程中,部分领域出现了道德与价值的重构需求,教育领域也存在一些市场化与功利化的倾向需要我们关注与反思。应试教育的影响如浪潮般逐渐蔓延。小学生将进入优质中学作为目标,中学生以考入理想大学为方向,大学生则把深造、求职就业或获得理想薪资作为追求。在这一教育进程中,教师、学生、家长、教育部门乃至社会各方,都像是参与到一场教育竞赛中,人的主体性与整体性在这一过程中也面临着需要关注的情况。

德国哲学家卡尔·雅斯贝尔斯在《新人道主义的条件与可能》中说过这样一段话:"现代的人,切断了与过去的桥梁,只顾眼前,让自己纯然听命于一时的处境与偶然遭遇的摆布。"在这个技术高度发达的时代,人逐渐被异化为物,因而教育的意义愈发凸显,它比以往任何时候都更需要成为真正的人的教育。因为"教育的目的是努力使青年用其心灵的天然力量和天赋,以及其理性天然的直觉能力去把握真理和美"。雅斯贝尔斯还指出,真正的教育应先获得自身的本质,而对终极价值和绝对真理的虔敬,是一切教育的本质所在。对于个体而言,如果缺失了对教育的终极价值和绝对真理的热情，就如同失去了生命的支柱，又何谈教育的意义呢？从这个角度来看，教育的本质在于最大限度地挖掘个体的潜力，充分调动并实现人的内部潜能与可能性。教育的宗旨，应当是教会人们如何主宰自己的命运，成为理想中的自己。

第二个观点，新人文精神是古典人文精神和近现代人文精神不断演进的必然产物。想要成为理想中的人，就必然会涉及人文主义或者人文精神的问题。新人文精神与人文主义、人本主义、人道主义存在着千丝万缕的联系，但又并非完全相同的概念。人文精神大致可以分为三种类型：第一种是古典人文精神，无论是中国还是西方，都拥有各自的古典人文精神；第二种是近现代人文精神；第三种则是我们期望形成的新人文精神。

古典人文精神大约诞生于公元前800年到公元前200年之间，这一时期，正是雅斯贝尔斯在《历史的起源与目标》一书中所提出的著名的"轴心时代"。在这个特殊的历史阶段，世界上一些主要的国家和地区都出现了一种令人称奇的现象：这些国家和地区几乎同时涌现出一批伟大的精神导师，古希腊有苏格拉底、柏拉图和亚里士多德，古印度有释迦牟尼，中国有老子、孔子……同时产生了对后世影响深远的宗教。至于这一现象产生的深层原因，至今仍是一个值得深入探讨的谜题。在这一时期，主要诞生的便是古典人文精神。

到了14至16世纪文艺复兴时期以及后来的启蒙时代之后，近现代人文精神开始兴起。这一时期的人文精神包含了近代和现代的元素，其间存在着分歧、分化与争论，但对人的尊重、对人性的重视以及对个性的弘扬，始终是它们共同的基调。国内学术界在20世纪80年代以后，针对这一问题展开了多次讨论，并深入研究。

第三个观点，人作为历史活动的主体，历史的进化本质上就是人的进化。人的进化不仅体现在体质方面，更体现在精神层面。人文精神正是随着人的进化而不断演进的。那么，文化究竟是什么呢？文化是人化，是人的活动、活动方式及其活动的结果。可以说，文化是人类特有的现象，离开了人，便不存在文化。

文明与文化又有着怎样的区别呢？从性质上来说，文化是人与动物区别开来的标志，它意味着人类脱离了动物低级的生存状态；而文明则是文化经过相当长时间的发展后逐渐产生的，是文化发展的更高阶段，二者在性质上存在明显差异。从词汇角度来看，文化是一个中性词，而文明是褒义词。有人的地方就有文化，但文明是文化发展到高级阶段的成果。文明具有推动人类进步的正面价值，而文化既有正面价值，也存在负面影响，比如负文化和反文化。换句话说，文化中既有精华，也有糟粕。至于文明和文化的要素分别有哪些，以及它们之间的差异，学术界也存在诸多争论。总之，文化与文明是既相互联系又有所区别的概念，不能简单地将它们画等号。

雅斯贝尔斯所说的"轴心时代"之后，进入了"后轴心时代"，在这个时代，近现代人文精神得以发展。而未来，我们将迎来"新轴心时代"，那么在这个"新轴心时代"，我们的教育又该走向何方呢？笔者认为，应当以新人文精神引领教育的发展。教育的作用举足轻重，而它的引领作用更为关键，教育对社会的引领作用高于一切其他导向。新人文精神对教育的指引作用，又要比其他任何力量都更为强大，因为教育具有长期性、根本性和基础性，其影响力是其他力量难以比拟的。

基于新人文精神，并与之相契合，我们今天应当提倡一种新人文教育。新人文教育是一种建立在全球视野、全球意识和全球观念之上的新型教育。它以人作为核心，倡导和谐共生，在鼓励个性张扬的同时，又注重培养人类的整体意识，是一种关注绿色生态可持续发展的教育。这种教育既继承了西方人文主义的历史传统和精神，又融入了中华优秀传统文化的人文价值和精神。

笔者谨在此提出新人文教育十点主张：

一、新人文教育应以人为本，充满人文关怀。它将人置于教育的核心位置，关注每一个学生的情感需求和内心世界，让教育充满温暖与爱。无论是在知识的传授过程中，还是在学生的成长引导方面，教育者都应充分尊重学生的个性和差异，给予他们充分的关心和支持，让学生在充满人文关怀的环境中茁壮成长。

二、新人文教育应注重发展个性，丰富情感，健全人格。每个学生都是独一无二的个体，都拥有自己独特的天赋和潜力。新人文教育鼓励学生发现自己的兴趣爱好，挖掘自身的潜力，发展个性特长；通过各种教育活动，引导学生丰富自己的情感体验，培养积极向上的情感态度，塑造健全的人格，使他们成为内心丰富、品德高尚的人。

三、新人文教育应培养人类整体意识，做有全球观、中国心、正义感的现代公民。在全球化的时代背景下，世界各国的联系日益紧密，人类面临着许多共同的挑战和机遇。新人文教育注重培养学生的全球视野，让他们了解世界的多样性和复杂性，增强对不同文化的理解和包容；强化学生的中国心，使其传承和弘扬中华优秀传统文化，增强民族自豪感和文化自信；培养学生的正义感，让他们敢于维护公平正义，成为有担当、有责任感的现代公民。

四、新人文教育应培养科学精神，善于思辨，掌握技能，适应未来生活。科学技术的飞速发展深刻地改变着我们的生活，新人文教育重视培养学生的科学精神，引导他们学会用科学的思维方式去思考问题、解决问题；培养学生的思辨能力，让他们能够对各种信息进行理性分析和判断，不盲目跟从；注重学生技能的培养，使其掌握适应未来社会发展所需的各种技能，更好地应对未来生活的挑战。

五、新人文教育应师生平等，合作共享，因材施教，教学相长。在新人文教育的理念下，师生之间是平等的关系，教师不再是知识的传授者，而是学生学习的引导者和促进者。师生之间相互尊重、相互信任，共同合作，分享知识和经验。教师根据学生的不同特点和需求，实施因材施教，充分发挥每个学生的优势。在教学过程中，师生共同成长，实现教学相长，营造一个积极向上、和谐融洽的教学氛围。

六、新人文教育应尊重和保持文化的丰富性和多元性，提供选择的多样性，求同存异，和谐共生。世界文化丰富多彩，每种文化都有其独特的价值和魅力。新人文教育尊重不同文化之间的差异，鼓励学生了解并欣赏多元文化，培养他们的文化包容精神。在教育内容和教育方式上，新人文教育提供多样化的选择，满足不同学生的兴趣和需求；倡导求同存异，让不同文化背景的学生能够和谐共处，共同发展。

七、新人文教育应融汇本土和域外优良教育传统，传承和发展文明。本土和域外都拥有许多宝贵的教育传统，新人文教育应积极汲取这些优良传统中的精华，将其有机地融合在一起，通过一代代人的教育，传承人类文明的火种，让优秀的文化遗产得以延续和发展。同时，学生在传承的基础上进行创新，为文明的发展注入新的活力。

八、新人文教育应开放，创新，勇于探索。在信息时代，教育不能故步自封，新人文教育倡导开放的教育理念，加强与国内外教育机构的交流与合作，引进先进的教育资源和经验；鼓励教师和学生勇于创新，敢于突破传统的思维模式和教育方式，积极探索新的教育方法和途径，为教育的发展开辟新的道路。

九、新人文教育应重视终身教育和终身学习，具有可持续性。随着社会的快速发展，知识不断更新，人们需要不断学习才能跟上时代的步伐。新人文教育强调终身教育和终身学习的重要性，培养学生的学习兴趣和学习能力，让他们养成终身学习的习惯。同时，教育者自身也应具备可持续发展的能力，不断适应社会的变化和需求，为学生提供持续的教育支持。

十、新人文教育应注重绿色生态和环境教育，养成同理心。地球是人类共同的家园，保护生态环境是每个人的责任。新人文教育将绿色生态和环境教育融入日常教学中，培养学生的环保意识和生态观念，让他们了解人与自然和谐共生的重要性。同时，通过教育活动，新人文教育引导学生养成同理心，学会理解和关爱他人，关心社会和自然环境，成为有爱心、有责任感的社会成员。

## 致教师：做点燃生命火种的实践哲学家

好教师，是岁月长河中韵味悠长的诗篇，每一行文字都饱含着对学生无尽的关爱与期许，历经时光淘洗，愈发醇厚动人；是艺术殿堂里清新高雅的画卷，用细腻笔触勾勒出知识的多彩轮廓，展现着智慧的魅力；是广袤山林中挺拔伟岸的青松，以坚韧不拔之姿，为学生遮风挡雨，指引前行的方向；是历史丰碑上坚实高大的铭记，承载着教育的厚重使命，铭刻着对人类文明的卓越贡献。

教师，作为人类社会古老而永恒的职业，宛如文明传承的火炬手，在数千年的人类文明进程中，始终肩负着至关重要的使命。他们是人类文化得以延续和发展的功臣，精心培育着一代又一代社会栋梁。在传授知识的过程中，教师不仅传递着人类生产劳动的宝贵技能，让社会的物质生产得以不断进步；还传播着丰富的社会生活知识，滋养着人们的精神世界。正是因为他们的默默耕耘，社会生产得以蓬勃发展，科技文化不断迈向新的高度，人类社会的精神文明和物质文明水平也在持续提升。

教育，是一项无比神圣的事业，宛如一座灯塔，照亮人类前行的道路；教师，则是这份事业中崇高的践行者，是点亮灯塔的引路人。中国，以其深厚的文化底蕴和强大的社会责任感，承担了无数人的教育重任，构建起世界上规模最为庞大的教育体系，这无疑是人类教育史上的伟大创举。回溯历史，中国诞生了被誉为"万世师表"的孔子，他以卓越的教育理念和深远的思想，成为全球教育史上的一座丰碑，对后世教育产生了不可估量的影响。如今，1800多万名中国教师，承载着近3亿学生的未来与希望，他们深知责任重大、使命光荣，在教育的道路上砥砺前行，为中国乃至世界的教育事业做出了巨大贡献，他们是当之无愧的伟大群体，更是无上光荣的教育使者。

教师每日面对的，是一个个充满活力、正茁壮成长的学生。这些学生，他们的未来充满无限可能，不仅要为自己的人生负责，而且将成为民族复兴、国家发展的中流砥柱。教育，是一项意义深远的源头工作，它以小见大，通过对每一个学生的培养，影响着整个社会的发展。教育的本质，在于通过生活与实践，帮助学生塑造美好人生。教师应将生活中的点滴作为教育素材，引导学生在实践中学习和成长，让他们在生活的磨砺中学会思考、学会解决问题，从而培养出适应社会发展的能力和品质。

好老师要有对幸福的执着追求，努力成为让党和人民满意的教育工作者，做一个幸福的引路人，同时在教育过程中感受幸福，深刻品味做好老师的幸福真谛。好老师应如春风般温暖和煦，吹拂着学生的心灵，给予他们关怀与鼓励；像春雨般滋润无声，悄然滋养着学生的成长，潜移默化地影响着他们的价值观和人生观。好老师的敬业、勤奋、刻苦与奉献，并非空洞的口号，而是在追寻人生价值道路上的真实写照，是在平凡教育工作中成就非凡的内在过程。他们将教育融入生活，通过生活中的实践活动，让学生领悟知识的真谛，培养学生的实践能力和创新精神，为学生的美好人生奠定坚实基础。

教育，是一项神圣的使命，始于对知识传承的神圣责任感，在无数教师的努力下，最终收获厚重的成果。教师，是文化的虔诚信徒，他们从传承文化出发，在教育的道路上不断探索，为文化的发展贡献力量。做让党和人民满意的好老师，就要学会在工作中找寻快乐，在生活中感受美好，懂得在忙碌中享受教育的乐趣，在疲惫中收获付出的喜悦。在日常教学中，教师可以组织丰富多彩的实践活动，如社区服务、实地考察等，让学生在实践中了解社会、增长见识，培养社会责任感和团队合作精神。同时，教师自身也能在这些活动中与学生共同成长，感受到教育带来的幸福与满足。

教育，也是一种饱含辛劳的劳动，它从教师们的辛勤付出开始，最终在平凡的日子里沉淀出不平凡的意义。教师，是教育道路上的行者，他们怀揣着教育的梦想踏上征程，在追求教育理想的道路上不断前行。做个幸福的好老师，要学会尊重自己的职业选择，宽容学生成长过程中的不足，在教育实践中充实自我，在日常行动中提升能力。教师要善于引导学生从生活中发现问题、解决问题，将知识与生活紧密结合，让学生在实践中体验成功的喜悦，培养他们的自信心和成就感。例如，在科学课上，教师可以引导学生进行实验，让他们亲身体验科学的魅力；在语文课上，教师应鼓励学生观察生活，用文字记录生活中的点滴，提高他们的写作能力和表达能力。

教师，应成为点燃学生生命火种的引路人，成为教育领域的实践哲学家。他们要传授知识，更要引导学生如何生活、如何实践，帮助学生树立正确的人生观和价值观。通过生活与实践，教师让学生明白人生的意义和价值，培养他们的社会责任感和使命感。在这个过程中，教师自身也在不断成长和进步，实现着自己的人生价值。

每一位教师都有着独特的光芒，用自己的言行诠释着教育的真谛，用自己的坚守铸就着学生的未来。他们或许没有惊天动地的壮举，但在日复一日的教学中，每一句教诲、每一个鼓励的眼神、每一次耐心的指导，都如同点点星光，汇聚成璀璨的银河，照亮学生成长的道路，推动着教育事业不断向前发展。让我们向这些伟大的教育工作者致敬，期待更多教师能在教育的舞台上，追寻属于自己的幸福，成为学生心中永远的明灯，为人类文明的传承与发展贡献无尽的力量。

# 后　记

本书的诞生，缘起于 2024 年 9 月青岛出版社儿童文学中心梁唯总编辑的诚挚邀约。他希望我加盟该社的"师说文库"，出版一本面向一线中小学教师的教育文集，强调学术性不宜过强，重在提升教师的职业素养与专业修为。他的邀约盛情可感，我也久有此念，遂一口应承下来。但后来发现应允容易达成难，最主要是我现在多项重大国家级课题研究任务缠身，均需统筹推进，实在无暇顾及。直到今年 2 月梁唯先生反复催促，我遂安排学生张晴协助编辑。张晴理解力和执行力都很强，听了我对本书的总体设计和框架安排后，便着手从我已发表的论文和新著中悉心筛选篇目，很快就综合整理形成初稿，最后由我修改定稿。

本书主要由八个部分组成，以"让教育通过生活与实践创造美好人生"信念贯穿全书。序言部分呼唤教育的本质回归，主要从学生获取知识的意义、新工业革命时代对教育发展提出的新要求出发，介绍"生活·实践"教育产生的背景。第一辑"从知识传授到生活建构——当代转向"，从历史回眸、现实困境、理论基础三个角度，以教育作为文明传承的载体切入进行历史回眸，介绍了生活与教育的关系是历代思想家、教育家思索的核心问题；并以史为鉴，阐释了教育的真谛是促进人的生命成长和生活幸福、实践是将知识转化为能力和智慧的关键；以马克思主义实践哲学与人的全面而自由发展理论以及陶行知对美国实用主义哲学家、教育家杜威教育思想继承与发展的三重境界为理论基点，对"让教育通过生活与实践创造美好人生"信念产生的依据与现实意义进行论述；以"生活·实践"教育是生活教育的创造性转化创新性发展为切入点，阐释了何谓"生活·实践"教育。第二辑"目标、内容、方法论——核心维度"，从目标重构、内容革新、方法论突破三个角度，以培养全面发展的"真人"、21世纪学生六大关键能力为目标和着眼点，对学科知识进行"生活化解码"，通过学校课程服务学生生活与社区发展，将"生活·实践"与教育有机融合。"教学做合一"到"做学教统一"教学观的更新以及教联网时代的教学变革，为"让教育通过生活与实践创造美好人生"信念提供了方法论上的突破。第三辑"以课堂革命为中心的学校变革——实践路径"，从"让教育通过生活与实践创造美好人生"信念的实施角度出发，围绕彰显行知教育理念符号、建设师生共同课堂、善用"小先生+"教学、采用活动课程教材、构建全域活动空间、组织师生亲子共读、开展三大师生行动、实施现代治理评价，论述以课堂革命为中心的学校变革实施路径。第四辑"评价体系——范式转型"，从学生评价标准重构、教师评价标准优化、课程评价质量提升三个角度展开，围绕21世纪学生核心素养培育以及六项关键能力培养模型、教育家精神与教师六项关键能力以及教育家精神引领下的教师观、课程评价改革等方面，对教育评价范式进行阐释。第五辑"教师'六力'——专业向度"，从终身学习能力、课程改革能力、应用技术能力、合作共事能力、领导胜任能力、创新发展能力六个方面介绍了21世纪教师要掌握的六项关键能力。第六辑"成长支持——教师发展"，从成长支持系统、人文关怀角度，详细介绍了师生共同体建设、新时代大先生行动等，论述了教师如何实现专业发展。第七辑"人是文化之魂——精神之源"，分别介绍了陶行知、杨东莼、方明、章开沅等人身上所具有的精神文化力量。第八辑"全球视野——智慧图谱"，从国别比较、本土智慧、未来图景三个层面展开，围绕科技革命与产业变革催动教育革新、芬兰未来学校实践的未来特征以及未来教育的构建，介绍国际经验与未来发展方向，以助力强国建设、民族复兴。

为使文章更具可读性，我尽量以通俗易懂的语言，对选取的教育著作、论文、访谈等进行改写润色,通过讲教育之事,明教育规律,学历史智慧,悟哲学道理,让读者有所收获。由于时间紧迫,个人能力有限,书中难免存在诸多不足之处,尚祈读者见谅,缺憾之处唯有待重印时修订完善。最后,谨向为本书的出版付出大量心血的青岛出版社的编辑们表达诚挚谢意,同时也感谢张晴的辛勤付出。可以说,没有大家的信任、鼓励与支持,这本小书难以在短时间内与读者见面。

周洪宇

2025 年 4 月于武汉东湖之滨